Ich und kein Handy

Benjamin Neukirch

Ich und kein Handy

Von einem, der auszog, die Welt zu erfahren

1. Auflage, 2016
Erschienen im Synergia Verlag, Basel, Zürich, Roßdorf
eine Marke der Sentovision GmbH
www.synergia-verlag.ch

Alle Rechte vorbehalten
Copyright 2016 by Synergia Verlag

Umschlaggestaltung unter Verwendung von:
© Robert Kneschke - Fotolia.com
Gestaltung und Satz: FontFront.com, Roßdorf

Vertrieb durch Synergia Auslieferung
www.synergia-auslieferung.de

Printed in EU
ISBN-13: 978-3-944615-44-8

Bibliografische Information der Deutschen Bibliothek
Die Deutsche Bibliothek verzeichnet diese Publikation in der deutschen Nationalbiblio-
grafie; detaillierte bibliografische
Daten sind im Internet unter http://dnb.ddb.de abrufbar.

Inhaltsverzeichnis

Dieses Buch widme ich allen,
die den Mut haben,
anders zu sein

Anmerkung

Zur klaren Unterscheidung zwischen den unterschiedlichen
Textpassagen wurden verschiedene Schriftbilder verwandt:

Benjamins Welt

Bildunterschriften

Witze, Zitate, Geschichtchen

Betrachtungen der Eltern

Himmlisch und höllisch

Anmerkung des jungen Verfassers

Ja: Ich will selbst liebend gern ein Handy haben. Und nein: Ich habe keines, weil meine Eltern entschieden haben, dass ich bislang noch keines besitzen und darüber verfügen soll. Also stehe ich in dieser handylosen Erfahrungswelt. Und mache meine ernsten und lustigen, bitteren und süßen, höllischen und himmlischen Erfahrungen.

Benjamin Neukirch, 12 Jahre alt

Vorwort des Verlages

Als uns das Manuskript von Benjamin erreichte, waren wir sofort begeistert, das Buch »Ich und kein Handy« herauszugeben. Ist es nicht insgeheim der Wunsch der meisten von uns, frei von Handy und anderen Gerätschaften zu sein? Ist das »Menschsein« nicht spontaner, unbeschwerter, abenteuerlicher und freier ohne dieses kleine Gerät?

Ja, wir machen das Buch.

Doch ein kleiner Gedanke wuchs etwas später: Ist es Benjamins freie Entscheidung, ohne Handy durch die Welt zu gehen? Inwiefern ist es nicht die Überzeugung der Eltern, ihrem Kind das Handy zu »verweigern«? Wir wurden nachdenklich.

Ist das gut, ist das nicht gut?

Aber genau darum geht es: Wir werden nachdenklich, wenn wir auf Widerstände stoßen. Andernfalls passen wir uns an und entfernen uns vielleicht sogar von uns selbst, wenn wir mit dem Strom schwimmen, ohne es letztendlich zu merken.

Der junge Autor schildert aus seiner Perspektive seine Erfahrungen, ohne Handy aufzuwachsen. Seine Eltern waren ihm sicherlich eine große moralische Stütze. Eltern, die ihrem Kind ein Konsumgut untersagen, machen es diesem sicherlich nicht leicht, bieten aber dadurch auch Möglichkeiten für einen besonderen Entwicklungsweg und die Kultivierung einer kritisch-konstruktiven Weltsicht beim Heranwachsenden. Voraussetzung ist jedoch, dass der erzieherische Umgang auf verständigem Dialog beruht.

Zum Glück, so gesehen, gibt es eben diese Eltern, die ihren Kindern das eine oder andere verweigern. Nicht, um dem Kind zu schaden, sondern um dem Kind genau die Möglichkeit zu schenken, die eigene Persönlichkeit schon früh zu erfahren und zu entwickeln, bevor es vielleicht zu spät ist. Genau diese Erfahrungen schenken, so denken wir, so manchen Kindern die ganz eigene Note. Und um genau diese Erfahrungen, die einen vielleicht manchmal in eine gewisse Einsamkeit bringen, sind wir später als Erwachsene dankbar.

In der heutigen digitalen Zeit haben Kinder und Jugendliche im allgemeinen nicht mehr den selben Erfahrungshorizont wie noch vor wenigen Jahrzehnten. Es besteht zu befürchten, dass durch abnehmenden Kontakt zur Natur, weniger Lesen und anderes die gesunde Entwicklung eines Heranwachsenden gestört wird. Die zunehmende Beschäftigung mit einer schnellen, digitalen Welt lässt die reale Welt in den Hintergrund treten.

Für viele Eltern ist es deswegen (und aus vielen anderen Gründen) eine wichtige Frage, ob und ab welchem Alter das Kind ein Smartphone haben darf (oder sollte). Der gesellschaftliche Druck durch Gruppenzwang-Effekte ist groß, und auch bei ethischen Bedenken wird ihm wohl häufig nachgegeben.

Möge dieses Buch Eltern die Entscheidung in derart kritischen Erziehungsfragen erleichtern und vielleicht auch Heranwachsende ermutigen, ein »Außenseiter« zu sein – sein zu dürfen. Ein derartiges »Verbot«, kein Handy haben zu dürfen, kann auch als Vermittlung der Erkenntnis verstanden werden, dass man froh sein kann, noch kein Handy zu brauchen. Es ist eine Chance, Individualität und Freiheit zu kultivieren und gegen den Strom der gesellschaftlichen Masse zu schwimmen, auch wenn dies im heranwachsenden Alter oft nicht ganz freiwillig geschieht.

So hoffen wir, dass Benjamin und viele Kinder und Jugendliche Momente erfahren können, in denen das »echte« Leben kitzelt.

Soziale Befreiung

„Gibt es so etwas wie eine soziale Befreiung?"

„Natürlich gibt es sie", sagte der kundige Meister.

„Wie würdest du sie beschreiben?"

„Befreit zu sein bedeutet, in der Erfahrung zu stehen, selbstverständlich da zu sein gleichgültig, ob ich nun zur Herde gehöre oder für mich alleine stehe."

Ralf Neukirch

Bemerkung der Eltern

Unsere Gesellschaft: Sie stützt uns… trägt uns… und führt uns in die Irre.

Sie kreiert kollektive Stimmungen und Trends. Eine dieser Erscheinungen besteht darin, ein Smartphone besitzen zu müssen.

Als unser Sohn vor zwei Jahren die Grundschule verließ, nannten die meisten seiner Mitschüler bereits ein Handy ihr Eigen und es existierte ein entsprechender Gruppendruck, auch eines haben zu müssen.

Mit Beginn des ersten gymnasialen Schuljahrs erfuhr dieser gefühlte Zwang eine krasse Steigerung zum absoluten Must-have. Als Eltern haben wir diese Gegebenheit genutzt, um ein spannendes kühnes Experiment innerhalb unseres eigenen Erfahrungsraums zur Durchführung zu bringen. Wir gingen davon aus, dass ein Kind, welches über die Dynamik des unbedingten Habenwollens in der bestehenden Gesellschaftsform aufgeklärt wird und sie selbst wahrnimmt und erfährt, andere Werte und Wege leben kann, ohne zu einem Gemiedenen – zu einem Außenseiter im negativen Sinne – werden zu müssen.

Im nachfolgenden Bericht schildert unser Sohn, was er als der in seiner Umgebung Einzige ohne Handy erlebte. Möge es anderen Mut machen, sich selbst zu leben und zu lieben.

Von einem, der auszog und dem
Ungeheuerlichen auf den Schwanz trat

Wie geht es mir damit, als Einziger in meiner Klasse kein Handy zu haben?

Man kann es sich so vorstellen, dass alle eine dunkelblaue Jeans tragen… und nur man selbst läuft in einer grellroten Jogginghose herum.

Es ist nicht zu übersehen, dass man sich anders kleidet als die anderen. Man wird ständig gefragt, ob man sich nichts anderes leisten könne… obwohl die meisten wissen, dass ich mit ferngesteuerten Modellflugzeugen umgehe, die den Wert eines Handys bei weitem übersteigen. Weil das die Mehrheit so tut und der Rest sich raushält, sind es zwanzig bis dreißig Leute, denen doofe Sprüche einfallen… und dazwischen findet sich nur einer, in dem Ideen zu klugen Gegenkommentaren aufblitzen.

Als ich in die fünfte Gymnasialklasse kam, hatten nun aber wirklich alle ein Handy: außer mir. In dem Spiel, was gerade angesagt war, ging es um Zusammenstöße zwischen verschiedenen Sippen. Wenn ich frühmorgens ins Schulgebäude ging, waren die Klassenzimmer noch abgeschlossen und alle Schüler tummelten sich in kleineren und größeren Gruppen auf dem Flur. Und dann schlüpfte ich von einer Gruppe in die nächste und schaute, was die so taten. Und wirklich redeten **ALLE** über das angesagte Spiel. Über einen langen Zeitraum entwickelt der Spieler eine große Festungsanlage und sucht sich geeignete Gegenspieler. Somit drehte sich nun alles darum, eine eigene Anlage zu errichten und andere Sippen zu überfallen.

Der eine berichtete, wen er nun wieder abgezogen hatte, und der andere verkündete, welche Sippenverbindungen derzeit gerade stattfanden. Wieder andere erzählten, welche Angriffstruppen sie neu dazubekommen hatten und wie sie das „Aufleveln" schaffen konnten. Dabei konnte ich nicht mitreden. Für mich war es langweilig und äußerst nervig. Die befanden sich alle in einem Krieg, der gar nicht wirklich da war. Mir selber ist es sowieso lieber, zu spielen als über das Spielen zu reden. Ich wollte jedenfalls etwas erleben: in wilder Jagd um Ecken sausen, auf dem Fußabtreter Schultreppen runterbrausen. Während alles schnattert, der Arsch die Treppe runterrattert.

Schließlich hatten sie eine WhatsApp-Klassengruppe erstellt. Den ganzen Tag kommunizierten sie über WhatsApp… und davon kriegte ich dann auch nichts mit. Wenn ich in der Schule fragte, warum sie alle sauer aufeinander waren, lautete die Antwort immer nur „Du Nullchecker!" oder „Du kriegst ja gar nichts mit!". Tatsächlich erfasste ich aber deutlich, dass die Stimmung in der Klassengemeinschaft so fürchterlich war wie das Fauchen eines Drachen, dem jemand auf den werten Schwanz getreten war.

Und sie fragten in einem fort: „Wann kriegst du denn ein Handy?"… Und das tun sie immer noch… am laufenden Band… und das bringt mich dann doch irgendwann einmal auf die Palme.

Mein Monsterchen

Ich frage nie!

Momentan bin ich in der sechsten Klasse. Hin und wieder lässt mich einer auf seinem aktuellen Handy spielen und ein neues Spiel ausprobieren, wenn ich z.B. auf der Busfahrt in seiner Begleitung bin. Aber ich frage nie! Die glauben in der Regel alle, dass ausschließlich ich davon profitierte. Und dabei genießen sie es doch auch, die hippen Typen mit dem tollen Handy zu sein, neben dem ich armer Handyloser abstinken kann.

Vor zwei Monaten bekam ich das Halbjahreszeugnis. Und in letzter Zeit werde ich sehr oft nach meiner Handynummer gefragt. Es ist alles andere als angenehm, immer zu sagen, dass ich kein Handy besitze. Manchmal gäbe ich was drum, mit jemandem Nummern austauschen und simsen zu können. Manche Leute sind sehr verplant und das Leben hat uns weit über die Höhendörfer der Eifel verstreut, und es wäre toll, trotzdem Kontakt zu haben. Dann spreche ich von unserem Festnetz auf die Mailbox und keiner hört es ab!

Aber kein Handy zu haben ist nicht nur ein furchtbarer Verlust für mich. Kürzlich wollte ich einen Kumpel abholen und der hatte noch eine kleine Strecke Hausaufgaben vor sich. Aber es wurde und wurde nicht: Er war total abgelenkt, weil dauernd irgendwelche SMS-Nachrichten eingingen und er mit Lesen und Antworten beschäftigt war.

Dafür zu sorgen, dass das Handy aufgeladen ist... darauf aufzupassen... sich zu sorgen, dass es bei einem Sturz kaputtgehen könnte... achtzugeben, dass es nicht nass wird, geklaut wird, verloren geht, vergessen wird: Das alles muss ein höllischer Stress sein.

Wenn ich morgens in den Bus steige, sehe ich oft, dass manche einen neuen Riss im Display haben. Einer meiner Freunde hatte sogar eine abgebrochene Ecke am Handy. Wie die sowas hinkriegen?

Ein Kumpel von mir legte sein Handy morgens kurz aufs Treppengeländer, sein Bruder sah es nicht... und riss es runter.

Von diesem Handystress habe ich frei. Und in meiner unfreiwilligen Freiheit kann ich mir z.B. urtümliche Wesen ausmalen und sie mit dem guten alten Bleistift auf ein Blatt Papier zeichnen.

Ich hab sowieso eine Schwäche für Kuriositäten aus der alten Zeit. Mein Vater hat in seiner Werkstatt diverse Schubladen, in denen Erbstücke von meinem Großvater wie alte Handbohrer, Schnitzmesser, antike Schraubenzieher, Schleifsteine verwahrt sind. Leute, wisst ihr, was ein Zippo ist? Es ist sowas wie ein kleines Metallköfferchen zum Feuermachen: ein Benzinfeuerzeug aus längst vergangenen Zeiten. Dieses Metallgehäuse mit Deckel zum Aufklappen!... klick... allein dieses lässige Aufklappen mit lockerem Daumen ist pure Freude. Dann lässt man den Daumen über das freigelegte Stahlreibrädchen gleiten... und die Flamme steht.

Solche Dinge zu finden und die Aussicht aufs Erben macht mir Freude. Verschiedene Messer sind schon zu mir gewandert, die besitze ich stolz.

Ich entdecke gerne Sachen, die ich so noch nicht kenne. Von Dingen, die von Aliens stammen könnten, bin ich nur begeistert. Ich mag das Sonderbare... das Seltsame... das Außergewöhnliche. Das dickste Nachbarwiesenschwein ist ein kugeliges Geschöpf mit einem tollen Gesicht. Es zu betrachten ist ein tiefer Genuss.

Ich kriege eins!

Wie fühle ich mich in meiner Handylosigkeit?

Das stelle ich mir vor: Es ist praktisch, ein Handy zu haben, wenn man unterwegs ist und was Tolles sieht und es dann fotografieren kann. Oder wenn man tolle Bilder hinkriegt von Dingen und Geschöpfen, die es nicht oft zu sehen gibt, zum Beispiel von einer riesigen Krabbe. Wenn man vom Wildschwein gejagt wird und sich auf einen Baum gerettet hat, dann könnte man Hilfe holen.

Und eben sprach einer meiner Schulfreunde zu mir: „Darfst du kein Handy haben oder willst du keins? Wenn du eins hättest, dann könnte ich dich jedenfalls in die WhatsApp-Gruppe der Klasse holen. Da verschicken wir auch immer Hausaufgaben... haha, stimmt natürlich nicht!"

Na, was soll ich sagen? Wenn ich sage „Ich darf kein Handy haben!", so wird er sagen „Du Armer!"... und das stimmt nicht! Und wenn ich sage „Ich will kein Handy!", dann wäre das glatt gelogen. Außerdem wird er dann todsicher bekräftigen, dass Handys toll seien und man unbedingt eins haben müsse.

Wie geht es mir damit, tatsächlich als Einziger in meiner Klasse – oder vielleicht sogar in der ganzen Schule – kein Handy zu besitzen? Ja was geht mich das Gerede der andern an? Ich muss es mir nicht so zu Herzen nehmen. Aber es ist krass, immer sagen zu müssen, dass ich keins habe, wenn mich jemand wieder mit der Frage bedrängt „Hast du inzwischen ein Handy?"

Mittlerweile habe ich mich daran gewöhnt und kann irgendwie damit leben. Es macht mir tatsächlich nicht mehr so viel aus, was die Kumpels zu mir sagen.

Aber wie fühle ich mich selber damit? Es gibt verschiedene Phasen. Mal denke ich eine Woche oder einen ganzen Monat lang: „Ich komme sicher noch ein bis zwei Jahre ohne Handy aus!"... Es ist nun wirklich nicht das Schlechteste. Aber manchmal ist es beinahe unerträglich. Doch wie soll ich das meinen Eltern erklären? Wenn ich daran denke, kommt es mir ganz leicht vor. Aber wenn wir dann zusammen essen und ich das Thema eröffnet habe, fehlen mir die Worte. Es ist dann gar nicht mehr leicht. Außerdem zerschlägt der Blick meines Vaters all meine Zuversicht. Es kommt mir jedes Mal so vor, als hätte er trainiert!!!

Dann wird daraus immer doch nichts. So gehe ich mit einer ewigen Rede im Gepäck wieder in mein Zimmer, wo ich deprimiert Hausaufgaben erledige.

Manchmal bin ich voller Zorn: Alle haben so ein Zauberding... und ich nicht. Da soll doch der Blitz reinschlagen. Dann hau ich auf meinen Boxsack, ohne Boxhandschuhe, damit ich spüre, dass es richtig guttut, den wehrlosen alten Sack zu vermöbeln. Womit hab ich solche sturen Eltern verdient? Die waren doch auch mal jung und wollten tolle Dinge haben. Mein Vater war Motorradfahrer und Drachenflieger, meine Mutter schwärmt von alten Trekkingtouren und Interrailreisen... und ich träume von modernen Zeiten mit Smartphone und Quad.

Es ist beschissen: Nix los... und kein Handy! Die können mich mal, ich mach gar nichts!! Und dann kommt meine Mutter daher und flötet giftend: „Benjamin, Hausaufgaben!"... Dann hasse ich sie leise zähneknirschend vor mich hin. Dieser Scheißjob: ohne

Handy dabeisein zu müssen... das Ganze verstehen zu müssen... vor allen bestehen zu müssen. Das fordert mich echt.

So reißt es mich hin und her. Oh du süße Mamamaus: Was bist du für ein Graus! Und auch Papa ist eine miese Zicke. Nur weil er selber mit dem Handy nichts am Hut hat!! Er sagt „neulich" und meint eine Zeit von vor fünfundzwanzig Jahren: Jaja, da gab's keine Handys... Und dann die Überraschung: Er behauptete, dass er in jenem Zeitalter einer der Ersten gewesen sei, der ein Handy hatte. Das war kaum zu glauben: weder dass er eins hatte noch dass es so groß und schwer gewesen sein soll wie ein halber Ziegelstein. Er führte mich in die Werkstatt und kramte in verschiedenen Kisten ... und dann hatte ich das Kuriose in der Hand: ein Steinzeithandy, das aussah wie ein alter Rasierapparat.

Ui je, gleich küss ich den Breitmaulfrosch!!

Das große Zocken

Ich fahre mit meinem Fahrrad gutgelaunt ins Dorf. Meine Eltern haben beschlossen, mir ein Longboard zu schenken. Ich bin glücklich. Das kurze Stück runter zu einem Kumpel geht es nur bergab, was zu meiner frohen Stimmung passt. Ich flitze an den parkenden Autos vorbei in den Hof. Dort sehe ich das Fahrrad eines anderen Jungen aus dem Dorf stehen und vermute, dass die nun ihr gemeinsames Lieblingsspiel an der PlayStation zocken. Ich war da schon dabei und weiß, wie die im Spielfieber zusammen so drauf sind. Selbst ich als spielbegieriger Trittbrettfahrer habe darauf keine Lust, drehe um, rolle auf die Dorfstraße zurück und radle ein Stückchen bergauf, wo ich auf einen Freund mit seinem neuen Penny Board treffe. Gemeinsam überlegen wir, welche Leute wir zusammentrommeln könnten, um eines unserer selbst ausgedachten Fangspiele zu spielen.

Der Freund schaut bei seinem Nachbarjungen vorbei, ich selber sause ins Unterdorf zu einer Freundin, die aber leider noch mit Stricken beschäftigt ist. Mein Freund schreibt seinem Bruder eine SMS, dass er sich von der PlayStation wegbewegen und zu uns stoßen solle. Der kommt tatsächlich zusammen mit dem Kumpel angetanzt, aber die beiden sind nur mit einem Hemdchen bekleidet und drehen sofort ab ins warme Haus.

Aber als unser dritter Mann – der Nachbarjunge – endlich da ist, klingeln wir die Zocker wieder raus aus dem Haus. Sie wollen ein Prügelspiel starten, aber wir einigen uns dann doch noch auf das Fangspiel. Doch keiner macht so richtig mit. Es herrscht eine miese Stimmung. Alle sind irgendwie schlecht drauf. Der Erste geht. Der Zweite rast hinterher. Und zack, zieht auch der dritte Ins-Zocken-Verliebte davon. Ich versuche, dem Freund zu erklären, warum auch mir die Lust aufs gemeinsame Spielen vergangen ist, der kapiert es jedoch nicht. Für heute geht nichts mehr.

Ich schaue nochmals bei der Freundin im Unterdorf vorbei, aber auch mit ihr läuft es heute nicht wirklich gut. Schließlich kehre ich enttäuscht nach Hause zurück. Außer am Spielen in elektronischen Welten besteht oft kein wirkliches Interesse. Ich bin echt genervt. Was tun sie denn, wenn ihnen das Handy einmal in den Brunnen fällt oder sonstwie abhanden kommt?

Und will ich mich, wenn ich in der Welt unterwegs bin, über eine Sache oder ein Produkt informieren, so kann es mir passieren, dass einer den Vorschlag macht „Du kannst es ja einfachheitshalber mal abfotografieren!"… um sich dann zu wundern und mich zu bedauern, dass ich dazu nicht in der Lage bin, weil ich kein Handy in meiner Tasche stecken habe.

Es ist heutzutage selbstverständlich, ein Smartphone mit sich herumzutragen oder jedenfalls eines zu besitzen. Aber bin ich deswegen ein unvollkommenes Wesen – ein richtig armes Schwein – wenn ich keins vorzuweisen habe?

„Komm auf die dunkle Seite der Macht: Wir haben Kekse!": Das leuchtet mir ein. Ich hätte dort auch Spaß: auch wenn ich die Erfahrung gemacht habe, dass mir die meisten Hammerkekse bleischwer im Magen liegen. Den selbstgebackenen Kirschstreuselkuchen mag ich eigentlich lieber. Manchmal kommt es mir so vor, als ob meine Eltern auf der hellen Seite der Macht säßen: wenn sie mir einen dieser Streuselkuchen vor die Nase setzen und wir mit dicken Bäuchen zusammensitzen. Kuchen mit Vorleserunden und guten Filmen sind echte Delikatessen.

Mein Vater kennt noch einige Streifen aus seiner filmbegeisterten Zeit. Wenn ich z.B. „Die Truman Show" oder „Zwei glorreiche Halunken" kennenlerne, dann habe ich das Gefühl, in eine Welt mit tollen Bildern einzutauchen, die mich aber nicht ans Grauen fesseln.

● ●
● ●

Wer lacht sich da ins Fäustchen und
zapft an meinem Häuschen?

Was bedeutet es, ein Handy zu haben?

Es bedeutet, immer erreichbar zu sein und bei Aktionen wie Wie-ein-Faultier-im-Baum-Hängen durch Anrufe oder SMS abgelenkt zu werden. Die meisten Leute, die ich kenne, sind dadurch mitunter ganz schön nervös und angespannt.

Es heißt auch, dass man freien Internetzugang zu allem hat. Manche gucken sich Pornos an und sämtliche Grausamkeiten wie Morde und Horrorszenarien von todbringenden Seuchen, die es gar nicht wirklich gibt… und können nachts nicht schlafen. Unsinnigerweise bedeutet es jedoch auch, nirgendwo und niemals ungestört spielen zu können. Laufend rufen irgendwelche Mamas an. Es klingelt hier… und klingelt dort… in einem fort. UNGESTÖRTSEIN IS NICH MEHR.

Auf Spielstationen wie PC und PlayStation können die Kinder von den Eltern kontrolliert werden, welche Spiele sie spielen, aber im krassen Gegensatz dazu können sie sich auf dem Handy sämtliche Ballerspiele ohne Altersbeschränkung reinziehen. Und manch einer hat eine Strategie, die Eltern auszutricksen, indem er sich auf heimlichen Wegen Spiele besorgt, die er eigentlich gar nicht besitzen darf. Das ist findig… gewieft… und irgendwie cool, aber doch auch ein bisschen unheimlich. Durch Online Spiele haben viele Kinder Freunde, die sie noch nie gesehen und gespürt haben. Die Eltern wissen nicht davon und können ihre Kinder somit nicht vor aggressiven Leuten und hexischen Versuchungen und Gefahren schützen.

Ich sehe die Nachteile des Handys, aber mit großen Augen schaue ich auch auf die Vorteile. Man kann schnell kommunizieren und sich verabreden. Macht man eine Fahrradtour und stürzt, so kann man Hilfe holen. Und wenn man unterwegs so etwas Tolles wie den Startflug oder die Landung eines Schwans zu sehen bekommt, dann kann man das im Bild festhalten. Andererseits wird dann geknipst anstatt erlebt. Ich bin mit der Bedienung des Geräts beschäftigt und muss vielleicht ein Problem lösen, wo ich sonst einfach nur da wäre… mich ein bisschen langweilte… aber dann vielleicht bemerkte, dass mir eigentlich gar nichts fehlt. Das kam echt schon vor. Meine Eltern schleppten mich an die Ahr und ich stieg in den Fluss, kletterte in Bäume, lümmelte auf einem Liegestuhl in der Parkanlage. Und wenn ich dann zur Abwechslung einmal allein zu Hause bleiben und durchs Dorf streifen kann, dann zieh ich los… und zocke ein paar Ründchen mit den Freunden.

Ein Handy bedeutet, ein Stück weit dazuzugehören. Vieles in unserer Klasse – meistens Streitereien – werden über WhatsApp ausgetragen. Morgens früh im Bus bemerkte ich neulich ein aufgebrachtes Gespräch zwischen zwei Mädchen aus meiner Klasse. Als ich sie fragte, was denn los sei, guckten sie mich entgeistert an… bis sie realisierten, dass ich kein Smartphone und somit auch kein WhatsApp habe.

Bin ich wirklich ohne Handy auch gut dran, auch wenn ich etwas anderes erlebe als viele meiner Kumpels? Wer will es wissen? Jedenfalls wäre ich manchmal am liebsten eine normale Figur auf dem Handyspielfeld… ohne Einschränkungen durch meinen Vater. Aber wenn ich dann sehe, dass viele Erwachsene in Alkoholdunst und Zigarettenqualm verschwinden, dann nimm ich halt meinen, der mit mir mit Bio-Apfelschorle aufs lebendige Leben anstößt.

ThE

Dreamteam

Stick & knife

Hysterie

Ich bekam mit, dass eine Gruppe von Mädchen über eine Mitschülerin gelästert hatte. Eine von ihnen entschloss sich daraufhin, zur Betroffenen hinzugehen und ihr zu erzählen, dass ihre beste Freundin zusammen mit den anderen Mädchen über sie hergezogen sei. Das Ganze fand in der Pause statt, und das sich von seiner Freundin verraten und verkauft fühlende Mädchen begann zu weinen. Zwei der Mädchen bekamen das Drama mit und alarmierten die anderen.

Die, über die gelästert wurde, wurde nun als Bitch bezeichnet und die Petzerin als elende Verräterin. Mein Freund und ich sprachen über diesen hitzigen Streit … und wurden von einer Lehrerin prompt damit beauftragt, die „elende Verräterin" zur Mobbingbeauftragten unserer Schule zu begleiten. Die musste ihren eigenen Unterricht ausfallen lassen, um mit uns zu sprechen. Uns beiden Jungs schien es so, als würden wir viel von der Biologiestunde verpassen, doch als wir endlich zurückkehrten, stellten wir fest, dass der Unterricht noch gar nicht begonnen hatte. Alle waren total aufgebracht und liefen hektisch durch die Gegend. Einige Leute kamen auf uns zu und kreischten los: „Wo wart ihr? Wir dachten, ihr wärt abgehauen!" Andere waren sauer auf uns, weil wir unsere Mitschülerin begleitet hatten. Die Wortführerin der Mädchen sorgte dafür, dass uns einige Grüppchen hassten.

Es ist häufig so, dass sich kleine Gruppen bilden, die sich im hektischen Kämpfen hochfahren: ganz wie beim Aufleveln beim elektronischen Spielen. Später an der Bushaltestelle kam ein Mädchen auf mich zu, um die Bemerkung loszuwerden „Na, bist du jetzt auch auf der Seite der Schlampe?". Und sowas kommt immer wieder vor.

Dann bin ich froh, dass ich aus dem gallopierenden Wahnsinn aussteigen kann, um zu Hause bei etwas Ruhigem wie Stockschnitzen abzuspannen. Stick & knife: Bei meinem Dreamteam muss ich über rein gar nichts mehr nachhirnen.

Vom weltberühmten Albert Einstein gibt es dazu einen klugen Satz:

„Ich mag keine Spiele Dafür habe ich keine Zeit. Wenn ich mit meiner Arbeit fertig bin, möchte ich nichts mehr sehen, was den Verstand beschäftigt."

Albert Einstein[1]

Und nun noch eine Geschichte zum hektischen Durch-die-Welt-Rennen: Mein Vater und ich gingen in der Gaststätte mit Getränkemarkt im Nachbardorf alkoholfreies Bier und Fassbrause kaufen. Als mein Vater anerkennend bemerkte, dass der Getränkemann unseren Einkauf mit Zettel und Stift zusammenrechnete, lieferte der eine scharfe Geschichte zu seiner Überzeugung, dass die elektronischen Hilfsmittel weiß Gott nicht das Gelbe vom Ei seien. Es wären vier junge Leute in seine Gaststätte gekommen: mit den Daumen und dem Blick auf ihren Handys. Sie hätten grußlos seinen Zigarettenautomaten angesteuert… festgestellt, dass ihre jeweiligen Marken nicht angeboten wurden… bei ihm hinter dem Tresen nachgehakt, ob denn woanders Zigaretten zu haben seien. Der Getränkemann meinte, dass sie nur über die Straße in die Kirche zu gehen bräuchten: Nach dem Eintreten links hinge ein gewaltiger Automat. Und was taten die jungen Leute? Sie folgten dieser Beschreibung und stellten sich in die Reihe der in die Abendmesse strömenden Kirchgänger, weil sie sich – wie der alte Herr meinte – in der Welt nicht mehr auskannten.

Kopfschüttelnd meinte er: „Dass die so weltfremd sind und mir das glauben: Das hätte ich, als ich vom Automaten in der Kirche sprach, nicht gedacht!"

Wundersame Geschöpfe

Außerirdisch

Auf unserem Nachbarplaneten fernab jeder erdirdischen Realität hat sich folgende Geschichte zugetragen. Ein Mädchen bekam zu Weihnachten ein Tablet geschenkt. An Spielen legte es sich SPACEDODDLE zu. Als behütetes Drinnenkind stürzte sich das Mädchen drauf… so wie eine, die am Verhungern ist, sich übers Essen hermacht. Und die Eltern ließen sie einfach machen.

Sie fing damit an, alles zu kommentieren, was sie tat… und sprach auch mit den SPACEDODDLE-Geschöpfen. Ihr war es egal, ob jemand mit im Raum war oder nicht. Sie sprach einfach drauflos.

Irgendwann ließ sie dann auch mal ihre kleine Schwester spielen, und die drehte völlig durch. Sie plapperte, tippte, kreischte vor sich hin. Und als ihre Mutter einmal zu ihr sagte, sie solle doch damit aufhören, ignorierte sie sie. Der platzte irgendwann der Kragen und sie schaltete das Tablet unbemerkt aus. Ein paar Sekunden später wünschte sie sich, sie hätte das nicht getan. Die Kleine heulte, trat, boxte um sich und riss sämtliche Sachen mit sich. Und auch wenn ihr irgendwann sonst etwas verboten wurde, war es mit ihr in keiner Galaxie mehr auszuhalten. Es war unmöglich, mit ihr zu kommunizieren.

Viele sind vernetzt… und trotzdem einsam… irgendwie abgedreht. Sie spüren es aber anscheinend nicht. Denn für manch einen gilt: Er hat jetzt seinen Freund gefunden… Er *denkt* SPACE-DODDLE. Er *ist* SPACEDODDLE. Das ist ganz schön verrückt.

Aber sich mal so richtig und ohne Skrupel was reinschaufeln: Das reizt mich auch. Dann wähle ich mir aus meiner Filmhitliste einen Streifen aus. Ice Age, Otto, Werner: Ihr schräger Humor versetzt mich in den Ausnahmezustand.

Wild und gefährlich

Kein Handy zu haben bedeutet...

...dass mir ständig erzählt wird, dass ich ein armes Schwein sei und ich doch aber unbedingt eines haben müsse. Ständig wird mir gezeigt, wie toll die Spiele doch seien und was sie alles Cooles in der WhatsApp-Gruppe schrieben. Ich muss irgendwie damit zurechtkommen, dass in Vertretungsstunden und auf Busfahrten alle zocken und für mich Handylosen nicht mehr ansprechbar sind.

Aber trotz dieser bisweilen miesen Umstände bin ich immer wieder am liebsten mit einem Kumpel zusammen: vor allem, wenn er oder sie Humor hat. Wenn wir gemeinsam über etwas Verrücktes aus unserem Leben im Dorf und in der Schule kichern: Dann gibt's keine Fragen mehr und das Leben fühlt sich gut an.

Das Wunderwesen wundert sich

Superheld in Superwelt

Es war einmal ein Superheld. Schon anfangs der fünften Klasse zeigte er das „tollste" Handy auf dieser Welt. Er führte vor, wie schnell es Fotos machen konnte und welch vollendete Grafik es vorzuweisen hatte. Bei jeder Gelegenheit meldete er: „Guck mal, ich habe hier was ganz Tolles!"… und natürlich kamen dann alle angerannt. Es handelte sich dann aber häufig um schlimme Horrorgeschichten mit gruseligen Schreckgestalten, die z.B. Leute qualvoll töteten… was eigentlich keiner sehen wollte.

Er meint jetzt immer noch, sich mit allem bestens auszukennen. Dabei kommt es vor, dass er mit einem seiner supertollen Einkäufe so richtig auf die Nase fällt. Muss er auch: Er kann sich unmöglich mit allem genauestens auskennen. Eine ausgiebige Recherche lässt selbst meinem Vater immer mehr graue Haare wachsen. Z.B. ist ein Thema wie Longboard so umfassend, dass er einen ganzen Abend oder auch zwei oder drei vor der Kiste sitzt, wenn er sich per Internet informiert, um mit mir über eine möglichst gute Auswahl sprechen zu können.

Aufgrund der ganzen Vorträge, die ich von meinen Mitschülern über supercoole Handys und Bildschirmspiele gehört hatte, wollte ich nun aber zumindest ein Mal in die superabgefahrene Welt des angesagtesten Spiels abtauchen und mich darin bewegen. Da mitzumischen und eigene Triumphe zu feiern: Das musste sich doch gut anfühlen! Also besprach ich mich mit meinem Vater. Der installierte mir dieses „weltbeste" Spiel auf unserem Computer. Ich konnte es kaum erwarten, es das erste Mal zu spielen.

Als ich es dann schließlich gestartet hatte, hielt es auch erstmal, was es versprach: bis auf einige Momente, in denen ich echt genervt war. Und als ich am nächsten Tag zur Schule kam, prahlte ich mit den andern um die Wette. Am zweiten Abend war ich dann schon stärker genervt, ging aber am nächsten Morgen wieder stolz über meine Errungenschaften zur Schule. Die eine Spielewelt war mir nun langweilig geworden, also machte ich eine neue. Da die mir aber auch nicht wirklich gefiel, machte ich noch eine… und noch eine… und noch eine. Die nächste brauchte viel zu lange, um zu laden, also startete ich den Computer neu. Und als das endlich geschehen war, musste ich den Computer ausschalten, da meine Spielzeit abgelaufen war. Ich hatte NICHTS von der Stunde am PC. Die erste Woche verging, und das Ergebnis war echt frustrierend.

Der Ablauf wiederholte sich: Ich hatte immer etwas vor, mühte mich, etwas aufzubauen… und bei irgendeinem Fehler stürzte alles zusammen. Dabei wollte ich doch, dass sich möglichst viel umsetzen ließ. Gefühlt hatte ich eine lange Wartezeit aufs Spiel… und ebenfalls gefühlt eine kurze Spielzeit. Sie verflog blitzschnell … und Fahrradfahren und Losziehen ins Dorf blieben auf der Strecke. Und selbst wenn ich alles schaffte, was ich mir vorstellte: Anders als beim Auf-Bäume-Klettern machte sich kein entspanntes Gefühl der Zufriedenheit in mir breit. Das Nächste wartete schon. Hinter alles setzte ich ein Fragezeichen. Etwas Neues wollte schleunigst aufgebaut werden. Sowas wie ein stilles Glück gibt es da nicht zu holen.

Also entschloss ich mich, meinem Vater zu sagen, er solle das Spiel doch bitte wieder deinstallieren, um die fiebrige Spannung wieder loszuwerden. Ich gierte nach dem Spiel… und hasste es gleichzeitig.

Das ging mir so auf die Nerven, dass ich es wieder loswerden wollte. Mein Vater war da hartgesotten: Der fackelte nicht lange und drückte auf die Entfernen-Taste.

●●
●●

Echtzeit unter freiem Himmel

Das Zeitgefühl vor der Mattscheibe

Wenn ich vor einem Bildschirm sitze, merke ich nicht, wie die Zeit verfliegt. Es ist zwölf Uhr nachts… und ich spüre keine Müdigkeit. Die Zeit vergeht unbemerkt: Sie rauscht an mir vorbei wie eine Landschaft auf rasender Fahrt. Ich fühle mich fit und aufgekratzt… lebendig, aber auch ein bisschen berauscht. Es ist scheinbar was los.

Wenn ich jedoch lange am Lagerfeuer sitze, wird mir ganz schnell klar, dass es nun aber schon spät ist. Ich fühle mich angenehm müde und sinke im Bett schön schwer ins Kissen. Es war wirklich was los! An unserer Feuerstelle habe ich selber Feuer gemacht: Ich habe Holzscheite rangekarrt. Mit dem Beil in feine Späne gespalten. Einige Holzscheite kegelförmig um die Spänne aufgebaut. Das Reibrad meines Zippos angedreht. Mit der Zippo-Flamme die Holzspänne entzündet. Holz nachgelegt. Die Wärme gespürt. Das brennende Harz gerochen. Das Käuzchen rufen gehört. Eine Veggie-Wurst gebraten und verschlungen. So kann es gerne immer wieder sein… das gebe ich gerne weiter.

COOL

Schweinebande

Für mich ist es normal, mit 12 noch kein Handy zu haben, doch für die anderen gilt das als unmöglich. Ich denke, ohne WhatsApp vergäße der Großteil der Klasse sogar Vokabeltests und andere Unannehmlichkeiten. Zitat „Ich wusste gar nichts vom Test, aber gestern Abend haben die das in WhatsApp gesendet!". Dass solche Informationen fließen finde ich eigentlich gut, nur muss ich ohne sie auskommen. Aber das stört nicht wirklich. Was mir Kummer bereitet, ist mein unerfüllter Wunsch, zum Michverabreden für coole Unternehmungen ebenfalls ein Handy zu haben. Und wenn wir einander am verabredeten Treffpunkt verfehlten, dann könnten wir uns gegenseitig anrufen.

Und trotzdem kommt es mir so vor, als mache das Handy die Welt manchmal irgendwie unecht. Das, was der Besitzer damit tun kann, scheint immer superwichtig zu sein. Manchmal versinken die Leute in diesem ganzen unechten Zeug. Trotzdem kann man mich doch nicht ohne Handy versauern lassen!

Notgedrungen studiere ich halt das wirkliche Echtsein: Wir wohnen neben einer Wiese mit verschiedenen Tieren von einem Biobauern. Die Tiere sind sehr unterschiedlich, zur Zeit gibt es zwei graue Gänse, ein junges Schaf, eine wilde Dreierbande dicker Schweine und vier Ziegen, davon zwei Jungtiere. Die kommen gut miteinander aus und strahlen Ruhe aus. Ihre Spielfreude und ihre Ruhe sind sogar richtig ansteckend… genauso wie die Begeisterung und gleichzeitig der Stress, der rund ums Handy entsteht.

Mein Vater sagt: „Das sind ja enorme Leute: Die sind zwölf und kommen mit Zombie-Spielen und Teddybären daher." Aber was soll's? Ich lebe in einer coolen modernen Welt. Computerspiele und Kuscheltiere: In mir hat beides Platz…

stimmt nicht immer: Als mich ältere Jungs ohne Vorwarnung direkt vor ihrer Spielkonsole mit großem Bildschirm platzierten, wurden die übelsten Zombie-Bilder in mich reingeladen. Und diesen Schrecken konnte ich nicht locker verdauen. Die Bilder waren ungehemmt in mich reingeknallt und heizten die Phantasie an: Ich wurde sie nicht mehr los. Mein Vater half mir aus dieser Falle: Er erklärte mir, dass der Körper zwischen Bildern aus der Realität und der künstlichen Medienwelt nicht unterscheiden kann. Er nimmt schlimme Bilder wahr... und reagiert. Das half mir, nicht einzuknicken vor den Jungs, die die aggressive Behauptung aufstellten „Der hält halt nichts aus!"... obwohl ich nachts alleine durchs Dorf gehe und ängstliche Zocker nach Hause begleite.

Ich mag den stillen Frieden, der von der Nachbarwiese mit der Schweinebande zu uns herüberweht... und trotzdem will ich so ein Unruhestifter-Handy für tolle Spiele und das Nachrichtensenden haben. Wie es mir damit gehen wird, das werde ich sehen. Ich bin da gelassen... was soll mir schon geschehen?

• •
• •

Zum Fressen gern

Liebe und Hass

Alle meine Freunde hängen total an ihren Handys. Und ist es einmal verschwunden, weil sie es irgendwo vergessen oder halt mal verlegt haben, so geraten sie außer sich. Ohne ihr Handy sind sie gar nicht mehr richtig da. Es geht nichts ohne das Zauberding.

Wenn ihnen z.B. morgens beim Warten auf den Schulbus einfällt, dass sie ihr Handy zu Hause liegengelassen haben, dann rennen sie unglaublich schnell nach Hause, obwohl der Bus schon zu hören ist. Wenn es beim Spielespielen oder bei etwas anderem dann aber mal hängenbleibt, dann werden sie zornig. Funktioniert dieser oder jener Knopf nicht und das Ganze hängt sich auf, so klatschen sie es mit voller Wucht mit dem Bildschirm auf den Tisch und rufen: „Ich hasse mein Handy!" Echt wahr! Und das Ganze ist dann wirklich schlimm für sie: Es fühlt sich an, als hätten sie Streit.

Die anfängliche Liebe geht schnell vorbei, wenn das Handy älter wird und die Spiele nicht mehr richtig darauf laufen. Wie kommt man dagegen an? Mir scheint, meine Eltern sind gerissen: Sie halten mich vom Handy fern, damit meine Liebe zu diesem Ding unermesslich groß wird und auf ewig besteht!

Sie erklären mir immer wieder geduldig, dass ich eins kriegen werde und den längsten Teil meines Lebens sehr wahrscheinlich sowieso damit verbringen werde. Dass sie mich noch eine Weile vom ganzen Handystress fernhalten, ist sicher ehrenwert, aber echt nicht up to date. Sie sind halt zwei Käuze… aber auch irgendwie toll… und ich sitze mit in ihrem Nest.

Das gefällt mir. Und wenn ich dann ein Handy haben werde, so werde ich schon einiges aus dem echten Leben kennengelernt haben.

Ich mag das echte Leben: auch wenn es mir manchmal wehtut, dass ich so etwas wie „Bei Nacht und Nebel allein zu Hause sein" schon gut bewältigen kann und trotzdem noch auf meine Handyzeit warten muss.

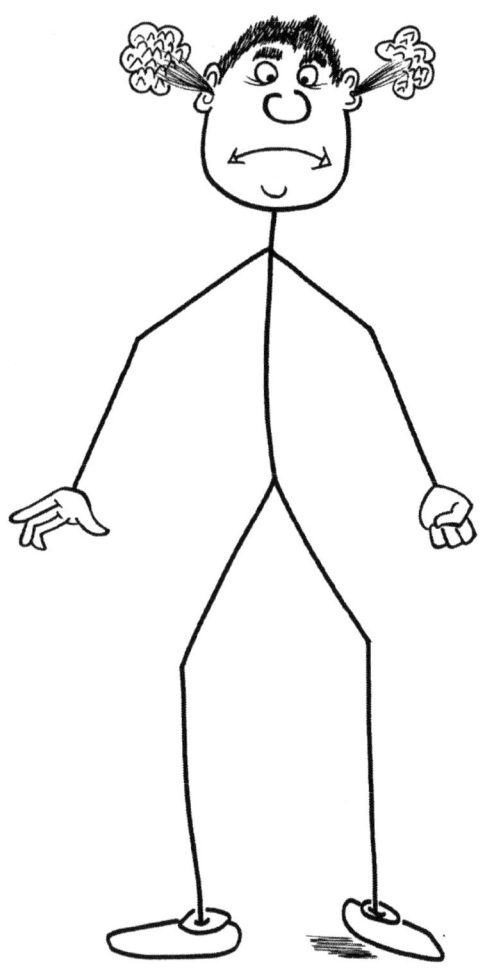

Rauchende Wut

Das Vergessen

Sehr oft ist es so, dass meine Zeitgenossen meckern: „Oh Mann, bin ich blöd, ich hab vergessen, mein Handy aufzuladen!" Ich kann mir nicht vorstellen, dass mir das passierte. Da vergessen sie glatt, für das Wichtigste in ihrem Leben zu sorgen. Das erscheint mir völlig uncool.

Öfter kommt es vor, dass ich verabredet bin, aber die- oder derjenige erscheint nicht. Und wenn ich dann nachgucken gehe, wo die denn nun stecken und was sie gerade treiben, dann entdecke ich, dass sie im Bildschirm versunken sind. Auch das angekündigte „Ich komme gleich wieder!" wird oft nicht umgesetzt, wenn sie ein gemeinsames Spiel unterbrechen und zum Zocken nach Hause abdüsen… und dann bin ich ganz schön genervt.

Himmel, wo bin ich denn da gelandet? Ich bin wie ein grünes Marsmännchen mitten unter schwarzen, braunen, roten oder weißen Erdmenschen. Sie haben in der Regel die feste Gewohnheit, viel Zeit mit dem Handy zu verbringen. Und ich muss mich ständig überraschen lassen, ob nun einer gerade an einem anderen Erleben interessiert ist oder nicht.

Der Tisch ist reich gedeckt

Ist das Handy für meine Kameraden in zwei Jahren wichtiger/unwichtiger/ gleichermaßen bedeutsam geworden?

Ich würde einmal die Behauptung aufstellen „Das Handy ist wichtiger geworden!". Dazu habe ich folgendes Beispiel: Stellt euch vor, ihr wärt ein Steinzeitmensch mit Steinkeil und Fell: Ihr wärt dort aufgewachsen genauso wie eure Vorväter. Und auf einmal würdet ihr mit all euren Erfahrungen und Erkenntnissen in die Zukunft versetzt: in unsere Jetztzeit. Und wenn ihr dann für ungefähr einen Monat in dieser Jetztzeit lebtet und danach wieder in die Steinzeit zurückkehrtet, so wüsstet ihr immer noch, wie alles geht. Ihr könntet wieder unabhängig von Geld, Strom, Kühlschrank und Fernsehen leben.

Und jetzt stellt euch vor, ihr würdet ohne Vorbereitung und Ausrüstung in die Steinzeit geschickt. Ihr wärt verwirrt und wüsstet nur aus Kindermärchen, dass es Feuersteine gibt. Würdet ihr überleben… geschweige denn gut zurechtkommen? Wohl eher nicht.

So in etwa ist es – glaube ich – für meine Kameraden. Klar: Sie würden wahrscheinlich zwar überleben, aber es fiele ihnen schwer, ganz plötzlich ohne Handy auszukommen.

Meine Freunde schreiben in WhatsApp, machen Hausaufgaben, rufen zwischendurch ihre Nachrichten ab und spielen Spiele. Mache ich mit einem Freund einen Streifzug durch die wilde Natur, so kommt immer wieder eine Nachricht. Und bei jeder eintreffenden Nachricht wiederholt sich die Schimpferei über das ganze Generve.

Ich meinte immer, dass die Kumpels das Handy doch einfach ausschalten könnten. Aber dann habe ich gemerkt, dass sie das nur noch rein theoretisch tun können. Sie brauchen es irgendwie, ständig übers Handy zu kommunizieren und sich darüber aufzuregen. Wieso sollten sie es sonst so handhaben? Es ist wie eine Sucht! So fühlen sie sich in Gesellschaft und es muss sich so anfühlen, als ob sie ein Stück von sich selber ausschalteten.

Manchmal stelle ich mir vor, wie es wäre, wenn ich jetzt sofort ein Handy bekäme. Ich stelle es mir toll vor, aber was dann? Wahrscheinlich hinge ich dann auch ständig mit meinen Augen, Ohren und Fingern über Bildschirm und Knöpfen... und müsste es einstudieren, das Ding, wenn es an meinen Nerven zerrte oder meine Zeit auffräße, knallhart auszuschalten. Irgendwann würde es vielleicht zur Gewohnheit. Ich werde die Ausschaltetaste finden müssen, ansonsten weiß ich da keinen Ausweg.

Ich will das Handyleben jedenfalls auch mitmachen, aber das Doofe, was ich daran sehe, könnte ausgeschaltet bleiben.

⌐

Licht und Schatten

Das Handy ist heutzutage ein wunderbares Multifunktionsgerät... und kaum noch wegzudenken. Es vermag unser Leben zu bereichern... oder zu verschlingen.

Je nach Art der Nutzung lässt sich mit diesem Instrument entweder mehr Licht ... oder mehr Schatten leben. Ein Leitgedanke wie „Leben bedeutet vor allem, mit dem Handy umzugehen!" ist sicherlich der Schattenseite zuzuordnen... sinnvoll eingesetzt kann das Gerät hingegen das lebendige Dasein begleiten. Die Versuchung ist jedenfalls groß, in den Anwendungsmöglichkeiten zu versinken.

Wer sind wir Menschen in dieser Welt? Sind wir eigenständig denkende und fühlende Wesen... oder ist der Einzelne ein in der Masse mitschwimmendes Geschöpf, das gewohnt ist, jedem Trend kritiklos zu folgen? Wer lehrt uns wache Individualität? Die Eltern oder ein ähnlich wichtiges Vorbild... und wenn nicht, dann wohl keiner!

Die Entscheidung, ein Handy zu haben oder keins, ist eine große Herausforderung: Wollen wir uns der hellen Chancen und der dunklen Gefahren bewusst werden?

Echt da zu sein im Hier und Jetzt ist für einen routinierten Smartphonebenutzer um einiges schwieriger geworden. Heimlich, still und leise, haben wir uns einen anderen Aufmerksamkeitsstil zugelegt: weiter weg vom In-sich-Ruhen und In-sich-Zentriertsein... hin zum nervösen Abgelenktsein und zum Ausgebranntsein. Wir haben den Anspruch, jederzeit und überall erreichbar zu sein und selbst zu erreichen... und gehen im Kommunikations- und Informationsstress unter. Wir sind „on" und „stand-by" ohne ein Abschaltenkönnen vom vielen, das wir sein und haben wollen. Vielleicht ist es genau das, was uns fehlte, um aus dieser Vielheit ins Einssein zurückzukehren: in die wohltuende große Stille in uns... und in der Welt.

nuckel→

Böse Fallen

Stockschnitzen

In meinem Dorf ist es unter ein paar Leuten verbreitet, gemeinsam draußen mit Stöcken verschiedene Phantasiespiele zu spielen. Ich weiß das zu schätzen: Wir haben dabei immer wieder viel Spaß und gute Auseinandersetzungen.

Die Stöcke besorgt sich jeder einzeln. Ich ziehe oft alleine los und hole mir am Waldrand Haselstrauchstöcke. Ich mag es, ganz in Ruhe irgendwo zu sitzen und passende Muster in die Stockrinde oder ins Holz zu schnitzen. Das ist alles voller Ruhe und Gelassenheit. Wenn ich dann aber einmal einen mitnehme, dann kann es sein, dass er anfängt zu stöhnen und zu nörgeln, wenn erst ein Viertel der Hinstrecke geschafft ist. Dann habe ich Bedenken: Der Rückweg muss auch noch bewältigt werden! Und wenn er dann auch noch alle fünf Minuten fluchend auf sein Handy guckt... Wenn wir dann angekommen sind, dann schnitzt er im besten Fall fünf Zentimeter blanke Grifffläche. Danach muss so ein Kerl dringend nach Hause, um von der Mutter Essen und deren Handy mit Internetzugang zu bekommen. Es gibt aber auch die echten Glücksfälle: Freunde, die selber Freude am Stockschnitzen haben. Wenn wir mit unseren Messern und unserer Abenteuerlust im Gepäck losziehen, dann wird das eine gute Sache.

Eben war ich bei zwei Brüdern auf deren Trampolin. Wir sind noch nicht lange gehüpft, als der eine plötzlich sein Handy hervorholt und anfängt, ein Video zu gucken. Der andere setzt sich daneben und schaut auch zu. Nun habe ich die Wahl, nach Hause zu gehen... will aber nicht... also setze ich mich zu ihnen. Nach einer Weile wollen die beiden ins Haus. Nach Essen und Trinken lassen sie sich mit ihren Handys auf der Couch nieder. Da ich weiß, dass der eine coole Spiele installiert hat, setze ich mich dazu. Nach einer Weile scheucht uns die Mutter von der Couch hoch, doch die beiden verziehen sich einfach nur in ihre Zimmer. Ich weiß gar nicht, in welches Zimmer ich mit abbiegen soll. Bei welchem soll ich mich danebenhocken? Und wieso ist da nichts anderes los? Womit sind die denn vom Handy wegzulocken?

Anstatt auf YouTube ein Filmchen zu gucken könnten wir doch auf Bäume klettern oder einen Stock schnitzen gehen. Okay, Baumklettern ist nicht Achterbahnfahren und manchen geht das Schnitzen sowieso viel zu langsam: einen Stock zu holen… ihn zurechtzuschneiden und ihn auch noch zu beschnitzen. Für mich ist das okay, aber für die bedeutet das fünf Level of irgendwas. Und darauf zu verzichten geht natürlich gar nicht! Ich weiß, wie das ist, in die Fallen von bequemen schnellen Verlockungen zu stolpern, aber ich weiß auch, wie es sich anfühlt, wenn ich mich dazu aufraffe, durch den Wald zu streifen oder mich auf dem Fahrrad oder Longboard zu bewegen. Ich bin darauf angewiesen, mich mit meinem Erlebnishunger auf Trab zu bringen. Meine strengen Eltern erlauben mir keine Cola, sie selber sind sogar Antikaffeetrinker und berauschen sich höchstens mit mir zusammen an heißer Schokolade. Aber ich bin sicher: Die hatten auch ihre wilden Zeiten. Nun haben sie einen Lebenserfahrungsvorsprung, und außerdem sind sie zu zweit und ich bin nur einer.

Familie X im Dorf Y hatte neulich Erstkommunion. Die Erwachsenen waren tagelang am Feiern. Das Kind geht erst in die zweite Grundschulklasse… und besitzt nun auf einmal einen riesigen Fernseher, ein Tablet, ein Handy, eine Kamera und noch viele andere Dinge und haufenweise Geld.

Die Erwachsenen feiern und trinken draußen im Garten und sie sitzt drinnen und zockt: Wozu wurde sie jetzt mit so viel Zeug überschüttet? Früher spielte sie immer mit uns Verstecken… und jetzt sitzt sie ständig vor einem dieser Bildschirme. Man muss sich richtig ins Zeug legen, um sie aus dem Haus zu locken. Und wenn sie dann endlich einmal draußen ist, dann zieht sie wegen jeder Kleinigkeit wieder davon. Es sieht so aus, als ob sie nur auf eine Gelegenheit wartete, um wieder reingehen zu können.

Sieht nichts! Hört nichts! Kommt nicht mehr raus! Wie schade.

Das Handy

Am achten Tag schuf Gott das Handy. Seitdem hört man nichts mehr vom ihm.

Unbekannter Autor

Das grelle Erschrecken

Gott und sein Handy

Vorgetragen von Ralf Neukirch

Die Welt ist Gottes Spielplatz. Er tut dort, was ihm gefällt. Er probiert sich begeistert aus.

Zur Zeit mag er Handys. In fast jedem von uns will er eins haben. Während er in Körper und Geist das unbedingte Habenwollen erfährt, geht sein Einssein scheinbar verloren. Und so kommuniziert er in der erlebten Vielheit per Smartphone… und vertieft sich ins Spielen und im Bildschirmgeflimmer.

Warum nicht? Alles ist sowieso ein großes Vernetztsein. Ob mit oder ohne Handy ist letztlich egal. Aber: Das scheinbare Abgetrenntsein lässt sich durch das Handy nicht überwinden.

SMS von Mister Gott an alle: „Es gibt nur *ein* Ich. In der Vielheit geht es nur scheinbar verloren. Friede sei mit euch allen."

Verboten

In meiner Umgebung gibt es einige Leute, die wissen, dass sie bestimmte Spiele nicht haben dürfen. Oft beschaffen sie sich diese Spiele heimlich... die sind ganz schön gerissen: Wenn es ein Spiel ist, wofür man eine CD braucht, dann fragen sie welche, die sie nicht kennen und die älter sind, ob die ein Spiel im Kaufhaus für sie kauften: häufig im Tausch gegen ein Trinkgeld oder Sonstiges. Sie stehen dann unter einem Dauerstress, aus dem sie nicht wirklich rauskommen. Sie müssen immer befürchten, erwischt zu werden. Und es steht sowieso immer im Raum, dass es so ist wie es halt ist. Spielen können sie diese heimlichen Spiele nur dann, wenn die Eltern länger weg sind, und dabei müssen sie ständig lauschen, ob die Erwachsenen nicht doch früher zurückkehren. Das Ganze scheint mir ein Alptraum.

Ich weiß, dass ich selber ein Meister im Tricksen und Den-an-dern-auf Kurs-Bringen bin. Ich bin ganz gut im Rennen, wenn es darum geht, meiner Mutter klarzumachen, dass ich arm dran sei, wenn ich nun aber ohne ihre Nudeln auskommen soll, obwohl ich doch einen sooo großen Nudelhunger habe. Mit meiner Leidensmiene kriege ich sie an den Kochtopf. Aber inzwischen ist es mir lieber, meine Lieblingssoße und wilde Phantasiegerichte selber anrühren zu dürfen. Vertrauen gegen Vertrauen: Das fühlt sich eindeutig am besten an.

Beim Handythema waren meine Eltern aber bislang nicht zu knacken. Echt harte Nüsse, die beiden: Ich schaffte es nicht, einen Fuß in die Tür zur freien Handywelt zu kriegen. Aber das Ende meiner Leidenszeit ist jetzt in Sichtweite gerückt: Ich steuere direkt auf ein eigenes Handy zu. In der zweiten Hälfte der Sommerferien nach meiner sechsten Klasse werde ich eins kriegen. Mein Vater meint, dass ich mich darüber informieren solle, welche Erfahrungswerte meine Freunde zur Qualität ihres Handys haben, wie und warum sie mit ihren Geräten zufrieden oder unzufrieden sind. Das macht mir Spaß: Gerade die Jungs fachsimpeln gerne mit mir über ihre Geräte. Echtes Interesse lässt sie und mich zur Höchstform auflaufen.

••
••

Nach durchgezockten Nächten

Horror

Wie ihr schon gehört habt, gehen in meiner Klasse öfter Spiele um, die alle kennen. Der aktuelle Hit ist ein extrem spannendes Horrorspiel. Es geht darum, einige Nächte in einem Haus zu überleben. Man muss verschiedene Horrorpuppen – elektronisch gesteuerte lebensechte Figuren – über Video überwachen, obwohl die Situation eigentlich nicht zu kontrollieren ist... und man erschrickt gewaltig, sobald irgendwas Unerwartetes passiert. Ein Freund spielte das neulich in einer Vertretungsstunde mit Kopfhörern. Eine Zeitlang hat er nur dagesessen und geguckt. Irgendwann schrie er auf und zuckte dermaßen zurück, dass ihm die Kopfhörer von den Ohren flogen, er sein Handy auf den Tisch knallte und sich das Knie richtig heftig an der Tischkante stieß! Das war ein tolles Schauspiel.

Wir scheinen den Schreck heiß und innig zu lieben. Eigentlich ist es dumm, sich selber freiwillig zu erschrecken, aber ich kenne das auch: Es ist so, dass man sich total fürchtet, aber den Bildschirm trotzdem nicht ausschaltet. Ich nenne es „Die Faszination des Grauens!".

Wenn ich mir vornehme, nicht mehr zu gucken, falls jemand das unheimliche Spiel spielt, dann ist das eine richtige Aufgabe. Es ist nicht unmöglich, es ist nur viel schwieriger als man meint. Ich denke solche Gedanken wie „Ach, ich kenn das ja eh schon!"... um dann erneut – und zwar genauso stark wie beim ersten Mal – zu erschrecken. Der grelle Blitz plötzlichen Zusammenschreckens durchfährt mich wie ein Stromstoß... und mein Verstand hat keine Kontrolle.

Mit dem Sich-Erschrecken ist es wie mit der Zunge, die sich beim Trinken heißer Schokolade immer wieder neu verbrennt.

„Ah, kenn ich ja schon: Ich spür das schmerzhafte Verbrühen jetzt einfach nicht mehr!": Mit dieser Behauptung kann sie keinen Blumentopf gewinnen. Anders ist es beim Achterbahnfahren: Da kann ich abschätzen, was auf mich zukommt. Ich kann da soviele Runden drehen, bis ich kaum noch gerade stehen kann. Dann hab ich nachts im Bett noch was von der rauschenden Fahrt.

Alles, was mit Bewegung zu tun hat, macht mir in der Regel Spaß. Auf der Klassenfahrt nach Xanten konnten wir uns beim Wasserskifahren und Surfen ausprobieren: Das war super. Ich bin ein echter Fan davon, etwas Neues zu wagen. Mein Großvater saß auf einem Motorrad mit Beiwagen, mein Vater hing unterm Drachen... und ich steh am liebsten auf einem dahingleitenden Brett. Ich träume davon, das Longboard manchmal gegen ein Surfbrett einzutauschen: Im Wasser zu surfen reizt mich mehr als das Internetsurfen.

Zusammen mit meinem Vater kann ich mich richtig in Begeisterung reden über technische Entwicklungen, die es einem erlauben, Erlebnisspaß zu haben in der freien Natur, ohne sie platt zu machen. Für mich fing es damit an, auf Bäume zu klettern... im See zu schwimmen... auf dem Schlitten den Berg runterzufegen. Es macht mir Freude, das alles in echt zu erleben: am liebsten mit einem, der sich auch dafür begeistert.

Noch eine wahre Geschichte zum Gruseln:

Es war einmal eine lebendige Frau: Mit ihrem Kind zog sie auf den Rummelplatz, um in einer vielgerühmten Geisterbahn zu fahren… und die beiden erlebten ihr blaues Wunder. 1. blaues Wunder: Die Geisterbahnfahrer waren zu Fuß unterwegs, in einem engen stockdunklen Gang mit hohen schwarzen Wänden. 2. blaues Wunder: Das Labyrinth aus Gängen war menschenleer. 3. blaues Wunder: Mit lautem Getöse fielen mechanische Vorrichtungen in Form von Horrorgestalten von der Decke oder sie sprangen plötzlich aus schwarzen Ecken. Nach wenigen Minuten konnten Frau und Kind weder vor noch zurück. Sie waren nur noch am Zittern… setzten sich in die Dunkelkammer… bis zwei dicke Männer mit gewaltigen Brustkörben daherkamen, die lauthals gegen das Sicherschrecken anlachten. Die zogen voraus … Mutter und Kind in ihrem Windschatten hinterher: Mit dem größeren Abstand zwischen sich und dem brüllenden Wahnsinn gelang es ihnen, die Gruselkammer glücklich zu verlassen. Und wenn sie nicht gestorben sind, so lächeln sie noch heute.

Ich will!

Zu wertvoll

Ein Kumpel lässt sein neues Handy zu Hause, weil er Angst hat, dass es kaputtgehen könnte. Er nimmt sein altes Handy mit und quält sich damit rum, und zu Hause macht er dann eine halbe Stunde etwas mit dem neuen Gerät... kann es gar nicht richtig benutzen... und irgendwann ist es dann veraltet und er kriegt wieder ein neues. So hat er dann nichts davon, oder? Ich finde es aber verständlich: Ich kenne die Handygier und habe auch einen Blick für ein tolles Gerät. Und dass einer am liebsten das Beste vom Besten haben will, das kann ich leicht nachvollziehen. Dennoch beginne ich zu begreifen, dass es dieses Beste gar nicht wirklich gibt. Licht und Schatten: Zwischen Vor- und Nachteilen muss man abwägen.

Meistens bin ich einfach neugierig: An etwas Neuem zu schnuppern, ohne es dann unbedingt haben zu müssen, macht gute Laune. Ihr kennt inzwischen meinen Vater: Der erzählt mir viele Geschichten, damit ich zu dieser Einsicht komme. Manchmal ist er schwermütig, weil ich mich in alles Mögliche verliebe und im Überfluss baden will. Ich gebe zu, dass ich immer wieder meine, ich wäre arm dran, wenn sich das, was ich mir vorstellte, nicht erfüllt. Aber wenn wir dann zusammen vor einem Schaufenster stehen und auf etwas sehr Teures schauen, dann sage ich betont locker: „Das ist was für die Vitrine und nicht zum Mit-sich-Rumtragen!" So ein Späßchen macht ihm und mir Spaß.

Ich unterhalte mich gerne mit Menschen und finde sie spannend... auch anstrengend, weil sie sich in Grüppchen zusammenschließen und gegeneinander konkurrieren. Dass ich kein Handy habe, versteht sowieso keiner.

Die halten meine Eltern einfach für komische Leute. Dabei machen die gar keinen Ärger: Sie leben nur ein anderes Programm. Mir erscheint das, was die anderen treiben, zwar manchmal attraktiver. Gott sei Dank erlebe ich sie aber immer wieder als tolle Gesellschafter.

Kennt ihr die Geschichte von Asterix und Obelix, in der sie mit einem reichen Kaufmann auf dessen Schiff zu ihrem Ziel reisen? Der hat lauter Leute an Bord, die eigentlich eine Urlaubsfahrt gebucht haben... und dann müssen sie sich als „Gesellschafter" auf der Ruderbank abmühen... bis Obelix den schnellen Antrieb übernimmt und sie das tolle Spektakel einer rasanten Schifffahrt genießen dürfen. Rasante Fahrt: Die lieb ich sehr. Manchmal ist mir so, als hätte ich auf dem richtigen Schiff angeheuert.

• •
• •

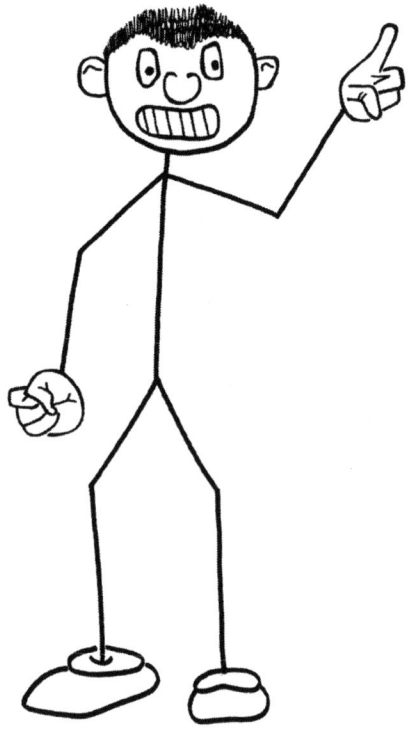

The teacher is talking

Zu wenig Speicher

Oft haben meine Klassenkameraden ein Handy mit wenig Speicher. Damit sind die Ärmsten in großem Stress. Ständig müssen sie hier und da etwas löschen und achtgeben, wieviel Speicher die Spiele brauchen. Für manche Spiele müssen sie ihr ganzes Handy komplett neu konfigurieren, damit es überhaupt läuft. Auf andere Handys passen zehn von solchen Spielen und noch haufenweise mehr für alle anderen Anwendungen.

Ich habe schon einiges gelernt über die Welt der Handys. Ich informiere mich gründlich: gerade weil ich keins habe und mich ernsthaft für seine Leistungskraft und die Möglichkeiten interessiere.

Und wenn nun einer meinen sollte, ich würde nur klug daherreden, dann kann ich dagegenhalten, dass mir dieser Weg viele Gefühle und Gedanken beschert, die mir einiges abverlangen. Aber es gibt Lichtblicke: wenn ich deutlich spüre, dass es meinem Vater am Herzen liegt, mich in mein eigenes Leben zu begleiten. Dann fließt meine schwarze Wut davon und ich sitze wie in einem Auto, das flott fährt anstatt mit angezogener Handbremse dahinzuschleichen… und zwar nicht auf der gefährlichen stressigen Überholspur, sondern auf meiner eigenen Spur: im Spüren meiner Freude am Fahren.

Im Handy-Spiel-Fieber

Zu schwacher Prozessor

Die Handys mancher Leute haben einen schwachen Prozessor. Es hängt häufig und die Spiele laufen nicht. Das ist grauenhaft und die Leute regen sich ständig darüber auf... im Spiel mit anderen sind sie meistens am Verlieren... oder sie sind in einem sehr hohen Level und dann stürzt das Spiel ab! Dann ist der Spieler wie von Sinnen vor Wut.

Im Handy-Spiel-Fieber hat einer gerade total aufgepasst, schwer gerackert und geschwitzt, dass er nicht in die kochend heiße Lava oder sonstwohin fällt... und dann stürzt die Kiste ab, einfach so! Dann gerät der Spieler außer sich und es besteht die Gefahr, dass er das Handy wutentbrannt zerschmettert.

Es gibt einen Trick. Für solche Fälle hat man ein Blöckchen in der Tasche. Das Blöckchen besteht aus einzelnen Abreißzetteln, auf denen geschrieben steht: „WUTZETTEL: Bei einem Wutanfall Zettel abreißen... zerknüllen... und ihn in die Ecke schmeißen!"... Ich weiß, das klingt ziemlich lahm. Zum Frustabbau geh ich lieber den Boxsack oder Bäume schütteln: Die halten das locker aus. Und wenn ich bei dieser Aktion noch auf Maus, Specht oder Eichhörnchen treffe, dann bin ich wieder wach und klar da.

Entsetzlich erschreckend

WhatsApp-Streiterei

Nach Schulschluss auf dem Weg zum Schulbus sind alle noch gut gelaunt… und am nächsten Tag komme ich wieder zurück zur Schule und alle weinen, gucken umher und gehen sich aus dem Weg. Sie hassen sich. Wenn ich frage, was denn los sei, dann heißt es: „Das weißt du doch, gestern auf WhatsApp mit A… ach nein, du hast ja gar kein Handy!" Keiner will mir etwas erklären, weil es eine lange Geschichte ist. Pech für mich! Also alle sind schlecht gelaunt und ich stehe mitten in der Menge und weiß nicht, was los ist. Manno!

Am nächsten Tag ist plötzlich wieder alles wie vorher. Keine Erklärung, keine Versöhnung, keine Entschuldigung oder Sonstiges: einfach nichts! Später sagen sie mir manchmal, was überhaupt los war. Einer schrieb an einen anderen… der schrieb zurück… dann schrieb einer etwas angeblich Beleidigendes… der schrieb nun seinerseits eine Beleidigung zurück … andere mischen sich ein… dann wird gedroht, irgendetwas Privates zu schreiben… und so weiter und so fort. Das passiert manchmal mehrmals die Woche: Und es ist immer dasselbe! Da gibt es die Auslöser: die Stichler und Anstachler. Man könnte sagen, dass die daran schuld seien, aber alle machen mit. Alle nehmen ihre Schläger in die Hand und dreschen drauflos. Wenn ich selber wie ein aufgescheuchtes Huhn durch die Gegend renne, muss ich an folgenden Witz denken: Drei alte Damen trippeln anmutig auf einem Wanderweg durch die freie Natur. Der Weg führt sie schließlich an einer Wiese mit einer Kuhherde vorbei. Plötzlich nimmt der mächtige Bulle Anlauf… und durchbricht den Zaun. Die alten Damen beschleunigen ihre Schrittchen… der Bulle rennt hinterher. Die drei Damen geben japsend und keuchend ihr Bestes… aber der Bulle holt auf. Die Damen steigern noch einmal das Tempo… bis eine stehenbleibt und ächzt: „Also nein: lieber ein Kälbchen als ein Herzinfarkt!"

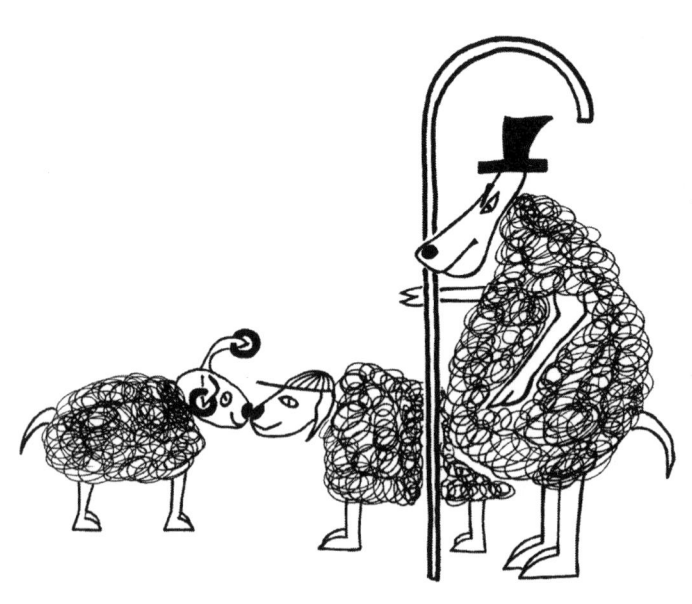

SCHAF, SCHÄFER, AM SCHÄFSTEN

Ein Notfall und kein Handy

Heute kam ich frühmorgens auf den Pausenhof und nur vier Schülerinnen befanden sich in der hintersten Ecke. Plötzlich schrien sie wild und riefen mir zu: „Schnell, hol Hilfe, Leila ist hingefallen!" Tatsächlich war deren ganzes Gesicht rot von Blut, also rannte ich los zum Sekretariat. Die Tür zum Treppenhaus war jedoch verschlossen. Also ging's hintenrum, doch da war auch zu. Dann in die Eingangshalle: offen! Die Türen zu den Korridoren waren aber abgesperrt. Überall stand ich vor verschlossenen Türen. Es gab noch die Möglichkeit, jemanden übers Handy herbeizurufen… aber nein, keiner hat ein Handy, wenn es drauf ankommt.

Irgendwann kam der Schlüsselmeister daher (Hausmeister haben Schlüssel): Der hatte gesehen, wie Leila am Bluten war. Der brachte sie ins Sekretariat und Leila wurde abgeholt. Beim Arzt wurde dann gesalbt und gewickelt. Am Ende der zweiten Stunde kam sie wieder, zum Glück war es nicht so schlimm. Aber ehrlich, sie hatte ziemlich schlimm und schmerzvoll ausgesehen und wahrscheinlich war ihr auch schwindelig gewesen.

Wenn ein Notfall besteht, dann hat keiner ein Handy und alles ist abgeschlossen! Sowas Unwahrscheinliches kommt nur im wirklichen Leben vor.

Als Beispiel dafür, dass man nicht planen kann, was einem im Leben geschieht, erzähle ich euch eine Geschichte, die ich lieber nicht erlebt hätte. Auf dem im Freien stehenden Tisch einer Pizzeria krabbelte ein Marienkäfer zwischen den geleerten Tellern. Ich wollte ihn vor Gefahren wie Zerquetschtwerden durch schnelle Kellner und Autos in Sicherheit bringen.

Also ließ ich ihn vorsichtig auf meine Hand krabbeln und zog los mit dem Käfer in der Hand zu einem Garten mit hohen Bäumen... ließ ihn an meinem ausgestreckten Finger hochkrabbeln... er hob ab in die Luft... und zisch, schoss ein Vogel vorbei... und sein Leben war zu Ende.

Mein Plan hatte völlig anders ausgesehen. Kürzlich wollte ich eine Eins in Mathe schreiben... und da war es fatalerweise dann auch so gewesen!

Mein Vater meinte, oft sei es eine Sache der Perspektive. Wenn wir z.B. den Vögeln zuschauen, wie sie ihre Jungen füttern, dann freuen wir uns, wenn sie Beute machen und die hungrigen Mäuler stopfen. Trotzdem war ich erst einmal deprimiert und wollte von dieser grausamen Welt nichts mehr wissen.

Manchmal hilft eine gute Umarmung, damit der Schmerz schlimmen Erlebens vergeht.

• •
• •

Hauptsache, es ist egal!

Seltsame Sorge

Für den 20. März 2015 war eine totale Sonnenfinsternis angekündigt. Es war ein ganz normaler Schultag und auf der Busfahrt morgens kam ich mit einem anderen Schüler ins Gespräch. Wir redeten auch über die Sonnenfinsternis und darüber, wie sie sich wohl gestalten werde. Nach einiger Zeit meinte er: „Also, die Sonnenfinsternis ist mir eigentlich egal, die interessiert mich null. Meine einzige Sorge ist, dass das Internet nicht mehr funktionieren wird, weil die Solarzellen keinen Strom mehr liefern werden und die Stromversorgung demzufolge zusammenbrechen und das Internet ausfallen könnte. Ich werde mich sowieso mit ein paar Freunden unter den Tischen verstecken und SPACEDOODLE spielen. Und glaub mir, ich bin nicht der einzige aus meiner Klasse, der das so plant!"

Für mich wäre das Handy keine Bereicherung, wenn mir alles außerhalb eines Bildschirms unwichtig erschiene. Ich will etwas Echtes erleben, dafür sitze ich mehr oder weniger geduldig am Berg und warte auf gute Thermik für meinen Schleudersegelflieger. Diesen edlen Discus-Launch-Glider packe ich am Randbogen und schleudere ihn mit zwei bis drei Körperdrehungen in die Luft. Hier in der Eifel haben wir tolle Hänge: Die Leute kommen von weit her. Da haben wir es gut: Schon nach wenigen Minuten Autofahrt können wir am Startplatz stehen. Das Fliegen macht mir vor allem im Team Spaß. Ich schleudere und mein Vater hat die Steuerung in der Hand. Oder er übernimmt das Schleudern und ich bin am Steuer. Hand in Hand: Das funktioniert bestens.

Und: Da gibt es viele ältere Kinder, die spielen… eines ist schon über achtzig und hat dabei seinen Spaß.

Los geht's

Urlaubsfahrt

Einige meiner Freunde besorgen sich für den Urlaub gewöhnlich eine Auslandsinternetflat. So können sie immer noch alles machen und handhaben wie zu Hause auch. Ich weiß nicht, ob ich das auch so machen werde. Bei „Urlaub" denke ich erst mal an Erholung und neue Abenteuer.

Die Leute schleppen die Stressbox überall mit hin und können sich nicht entspannen. Meine Freunde bekommen alles mit, was sie sonst in der Gruppe verpassten… und müssen sich damit eventuell irgendwelche Streitereien reinladen. Auf diese Weise können ihre Freundinnen mit ihnen Schluss machen, weil gerade ein anderer cooler ist. So kann das mit der Beziehung nicht klappen. Ich stelle mir eine echte Beziehung so vor, dass man einander tatsächlich begegnet und sich das Wichtige sagt. Wird einem per Smartphone gesagt, dass Schluss ist, so tut das doppelt weh. Über Ungereimtheiten und Ungerechtigkeiten rege ich mich tierisch auf. Mir ist es am liebsten, vom anderen direkt zu erfahren, was los ist. Besser ein ehrliches Gespräch mit heißen Tränen als ein Drumrumgerede: Nur die Wahrheit bringt Ruhe und das Vertrauen, neu zu begegnen. Ich begegne gerne… vor allem Leuten mit Witz: egal, ob sie zwei-, vier-, sechs- oder achtbeinig sind.

Schussfahrt mit Ente und Schnecke

Hup!

Einige – sehr viele – junge Leute rennen dauernd mit dem Handy umher. Sie laufen blindlings über die Straße und gucken weiter ihre Nachrichten durch. Die Autofahrer müssen gucken, wie sie zurechtkommen. Manche Autofahrer gucken aber auch aufs Handy. Krachbumm... und ab ins Krankenhaus.

Im Verkehr muss man wirklich wach sein. Nach der Verkehrserziehung in der vierten Grundschulklasse radelte ich durchs Dorf... und knallte fast mit einer Freundin zusammen, weil ich zerstreut auf der falschen Straßenseite um die Kurve bog. Ich berichtete zu Hause davon... und mein Vater startete in eine Rede über Verantwortungsgefühl und Wachsamkeit im Straßenverkehr: Ich kam mir vor wie ein festgenagelter Verbrecher. Manchmal krieg ich die Krise beim Ernst solcher Reden von meinen Eltern... wo die doch selber kürzlich vor Lachen fast von den Stühlen gefallen wären. Sie hatten sich dabei erwischt, dass sie beim andern etwas beklagten, was sie aber eigentlich gar nicht anders haben wollen, weil sie sich so kennen und sich damit auskennen. Das ist mir im Grunde zu kompliziert und ich lass die machen: Erwachsene halt! Jedenfalls fühlt es sich gut an, wenn sie Tränen lachen.

•   •
•   •

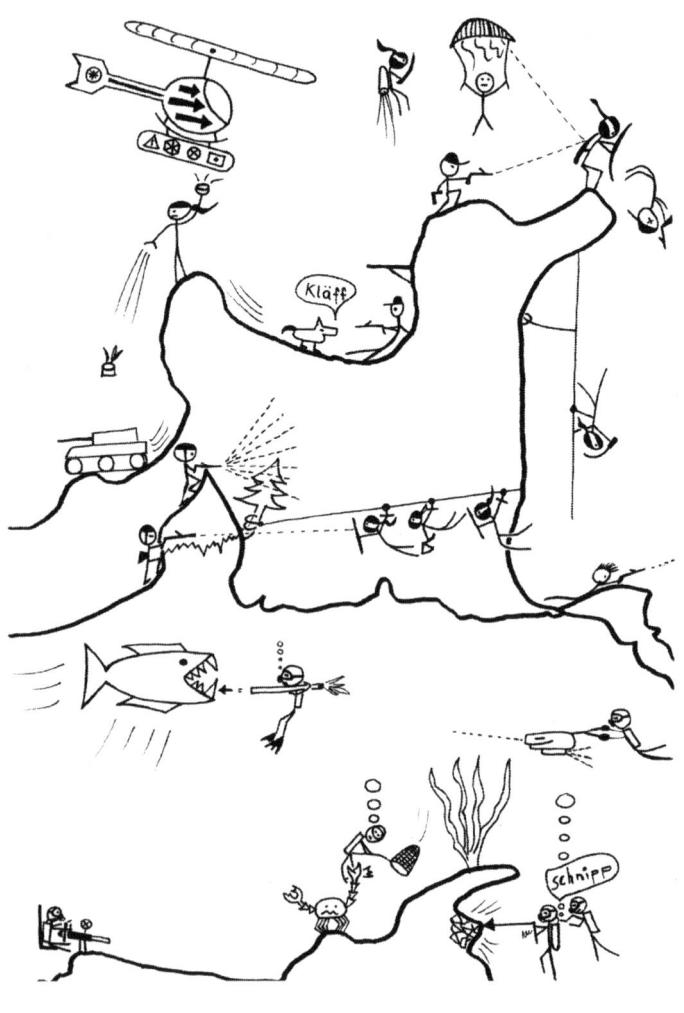

Im kriegerischen Wahn

Der wache Geist

Ich wünsche mir trotz der Belastungen rund ums Handy ein solches Gerät: Ich will auch in der Lage sein, unterwegs Musik zu hören... Fotos/Bilder/scharfsinnige oder liebenswürdige Witze in WhatsApp zu verschicken... mit Leuten zu kommunizieren, die ich z.b. nur aus dem Urlaub kenne... und mich ab und zu in ein Spiel mit anderen einzuklinken. Ich will das tun... und dennoch einen klaren Blick auf die Welt und mich selber behalten. Mein Vater meint immer, dass er mich sehr gut verstehen könne... dass ich einen wachen Geist habe und richtig sei... dass es gut sei, diesen wachen Geist nicht in einer kleinen Kiste einzusperren... dass trotzdem nichts daran verkehrt sei, ein Handy zu begehren... und dass ich mir nicht den Kopf zerbrechen müsse, weil ein Handy für mich in meinem Leben selbstverständlich auch dran sei! Ich weiß: Der Countdown zum Start ins Handyleben läuft.

Kleines Beispiel zum Wunsch, in etwas Sinnvolles zu starten:

Leutnant: „Soldaten! Jetzt geht es Mann gegen Mann!... Was ist los, Rosenduft?"

„Herr Leutnantleben! Zeigen Sie mir bitte meinen Mann, vielleicht kann ich mich gütlich mit ihm verständigen!"

Geschichte über einen wachen Geist[2]

Der wache Geist...

...blitzt auf, wenn das Denken z.B. in einem Moment der Verblüffung still wird. Wenn ein Gespräch oder ein Geschehen in ein Lachen mündet, dann taucht in diesem Moment der reinen Freude der reine wache Geist auf und durchbricht die Normalität unseres gewöhnlichen Wahrnehmens und Denkens.

Wenn wir Trampolin springen, auf dem Fahrrad, dem Longboard, den Inlinern, dem Schlitten, in der Seifenkiste den Berg runtersausen, dann geschieht konzentriertes waches klares Dasein... und die Chance ist groß, dass der denkende Geist still wird.

Im Einssein mit der Bewegung sind wir voll und ganz da: Wir empfinden, dass wir selbstverständlich in dieser wunderbaren Welt sind. Wenn sich dann aber der denkende Geist einschaltet mit der Überlegung „So, jetzt will ich Rennfahrer sein – der Schnellste von allen – und auf dem Siegertreppchen stehen!", dann geht es plötzlich um Leben und Tod. Mit dem Leistungsanspruch kommt die Versagensangst und wir landen im Gehetztsein.

Der wache Geist ist ein freier Geist. Er dient nichts und niemandem: außer sich selber. Einer mit wachem Geist kennt die Heiterkeit und lebt nicht im Angestrengtsein, in dem man ausbrennt und nie zufrieden ist. **Nach** dem Sieg – falls man den erreicht – ist schon wieder **vor** dem Sieg: vor dem nächsten Kampf.

„Ich erzähl dir vom Huhn, was beim Schlafen von der Stange fällt!": Dieser Satz über das im Schlaf abstürzende Federvieh führt in die Verblüffung. Ein Huhn fällt nicht von der Stange… und wenn es trotzdem passiert, dann müssen wir lachen.

Wenn mir selber etwas außer der Reihe passiert, dann bin ich verdutzt. Im Staunen „Dass mir das passiert!" verlasse ich meine Vorstellung von mir selber. Mein gewohntes Fühlen und Denken stoppt und ich fühle mich befreit.

Wenn dagegen alles nach Plan läuft, dann herrscht das Denken „Ich tue das… und dann das…!"… und ich fühle mich nicht mehr richtig lebendig.

Wir lieben es, durch den Plan hindurchzufallen in den wachen Geist. Und weil wir dort so gerne sind, lassen wir uns vielleicht immer wieder mit dem Fahrrad den Berg hinunterrollen. Die Fahrt planen wir eventuell noch… aber dann lassen wir's laufen

Guter Zauber, böser Zauber

Grauer Vertrag und grüne Smoothies

Viele Leute haben einen Vertrag abgeschlossen, mit dem sie ihr Handy jeden Monat abbezahlen. Sie kaufen dann das neueste Ultra-Granat-Zweitausend und fühlen sich einzigartig. Nach einem Jahr ist es dann aber veraltet und es gibt schon ein Fünftausender-Modell. Nun muss das angeschafft werden... wobei das Problem besteht, dass der alte Vertrag noch nicht abgelaufen ist. Der Vertrag läuft noch ein halbes oder ein ganzes Jahr... und das moderne beste Handy ist inzwischen eine Gurke und die Leute brauchen dringend ein neues Gerät. Eine schöne Panne! Selbst mit der Zauberkraft einer prall gefüllten Spardose ist der Konsument dann irgendwann im Eimer.

Ich frage mich, wie ein einfaches und trotzdem reiches Leben wohl geht. Vielleicht mit Kartoffelanbauen? Oder mit Grüne-Smoothies-Mixen aus Bananen, Löwenzahn, Brennesseln, Brombeerblättern und anderen Hexenkräutern? Meine Mutter behauptet, ihre Smoothies müssen grün sein, damit sie gesund seien. Mir sind die roten aus Erdbeeren lieber.

Phantastische Welten

Was wäre wenn

Wenn meine Kumpels ein neues Handy kriegen, dann müssen sie erst einmal alles, was auf dem alten Gerät drauf war, auf das neue laden: die ganzen Nachrichten und Kontakte, die schönen Bilder und so weiter und so fort. Alle Spiele müssen neu angefangen werden: Internetspiele, an denen schon ewig gearbeitet wurde. Bei SPACEDOODLE z.B. sind alle tollen Bauwerke einfach weg und alles muss neu aufgebaut werden. Ein schöner Stress!

Ich bin gespannt, wie es mir ergehen wird in meiner eigenen Handy-Erfahrungswelt... und ob es stimmt, was mein Vater behauptet: dass ich feststellen werde, dass mir nichts gefehlt hat in der Zeit **vor** der Zeit mit eigenem Handy. Keiner kann jedenfalls sagen, was ich für einer geworden wäre, wenn ich schon früher eins bekommen hätte. Ich habe oft richtigen Leidensdruck aufgebaut... aber meine Eltern mögen mich trotzdem, diese unverbesserlichen Alten!

Ebensowenig weiß ich, wie sich meine Freunde und Freundinnen anfühlten, wenn sie kein Smartphone hätten haben können. Ich mag sie, wie sie sind: auch wenn sie mich manchmal tierisch nerven.

• •
• •

Wirklichkeiten

Dicker Frust

Es gibt Fälle, da kann ich nur hoffen, dass mir sowas nie passieren wird. Man hat ein Spiel schon riiiiichtig weit gespielt... dann geht man wieder aufs Spiel, freut sich drauf und ist schon ganz hibbelig... und dann stürzt das Spiel ab! Man tippt nochmals drauf und wartet... doch es passiert wieder nichts: nichts! Dann tippt man noch einmal... und dann noch einmal und nochmals... und dann glaubt man es endlich und rastet aus, wie meine Freunde sagen. Sie tippen immer weiter und immer schneller aund hauen das Handy auf den Tisch. Danach sitzen sie einfach nur da. Irgendwann löschen sie dann das Spiel und gucken gefrustet im Play Store nach anderen Spielen. Wenn sie Pech haben, wiederholt sich das Ganze.

Mit einer Zeichnung auf einem Blatt Papier ist das anders. Sie ist zum Anfassen... auch wenn sie manchmal wütend zerrissen wird. Wenn ich auf einen großen Baum klettere, dann kann ich ihn und mich wirklich spüren, von seinen Früchten essen... und dagegentreten, wenn mir ein Zweig ins Gesicht schlägt: ohne dass etwas zu Schaden käme. Leute, vergesst überm Handy die Welt mit ihren tausend anderen Schätzen nicht. Wenn ich mich mit dem Longboard hinlege, dann tut es wirklich weh, aber ich kann sofort neu starten und in der Regel eine neue Erfahrung machen. Das Brett rollt immer... einfach... genial.

Lebendige Freude

Ein Netter

Ich ging heute mit Bert zur Bushaltestelle. Wir unterhielten uns über Handys. Er besitzt ein Excalibur 475S. Und er fragte mich, welches Handy ich mir kaufen würde. Er meinte: „Kauf dir doch ruhig das Galaxie-Max Beta, von dem du träumst. Das ist so gut wie meines!" Ich dachte: „Wow, Respekt, er redet das Handy gar nicht schlecht, nur weil er ein anderes hat!"

Viele anderen hätten gesagt, dass das Scheiße sei und dass ich mir etwas Teureres kaufen solle: und zwar das, was sie selber gerade haben oder gut finden. Das ist zum Jubeln, dass Bert so darauf reagierte. Ich kann solches Klugreden wie „Meines ist besser, deines ist Scheiße!" echt nicht leiden. Dann ist die ganze schöne Freude im Eimer.

Wegen der lebendigen Freude finde ich Hunde total toll. Vor die Wahl gestellt, ob ich ein Handy oder einen Hund geschenkt haben wolle, nähme ich... den Hund! Ich würde erst testen, ob wir zusammenpassten. Das werde ich bei der Wahl meines Handys auch tun, auch wenn es nicht mit dem Schwanz wedelt. Mein Vater sagt, dass ich klar und entscheidend mitzureden haben werde, es ginge um mein Zufriedensein... und weil er es mir voll und ganz übergeben werde ohne irgendein Kontrollierenwollen.

Vorsicht, Wolf!

Hektisches Um-die-Wette-Betteln

Meine Freunde und auch Nichtfreunde, die alle ein Handy besitzen und damit ausgiebig spielen, wollen darüber hinaus auch noch bei anderen mit deren Handys zocken. Sie sind wie ein hungriger Wolf mit leerem Bauch. Sobald jemand spielt, sammelt sich um ihn eine Menschentraube, die unbedingt zocken will. Sie lauern darauf, dass einer ein Level nicht schafft... um dann schnell wie eine Schlange mit der Hand vorzuschnellen... sich das Handy zu schnappen... und zu spielen, als ginge es um ihr Leben.

Die Leute kommen auf Knien angerutscht, betteln ums Handy, reißen es an sich... und sind zum Schluss beleidigt und wütend, wenn der Besitzer sein eigenes Handy wiederhaben will. „Darf ich jetzt mein Handy wiederhaben?" wird knallhart mit „Nein!" abgeschmettert. Sie haben sich festgebissen und spielen auf Hochtouren: immer weiter und weiter.

Ein kleiner Zocker-Witz:

Ein Doktor geht ans Telefon und hört die bekannte Stimme eines Kollegen am anderen Ende. „Wir brauchen einen vierten Mann für ein spannendes Pokerspiel", sagt der Freund.

„Ich bin gleich da", flüstert der Doktor. Als er seinen Mantel anzieht, fragt ihn seine Frau: „Ist es etwas Ernstes?" „Oh ja, ziemlich ernst", antwortet der Doktor mit ernster Stimme. „Es sind sogar schon drei andere Ärzte da!"

Nette Aussicht

Wenn ich ein Handy habe,
dann werde ich...

... es langsam und genüsslich in Besitz nehmen... Bilder machen, die ich selber ungewöhnlich und spannend finde... und schauen, wie andere darauf reagieren... und trainieren, das tolle Teil immer wieder auszuschalten, damit ich mich in der wirklichen Welt nicht selber verpasse oder alle mache.

Gerade ohne Handy musste ich lernen, mich nicht fertig zu machen: an den Beleidigungen gerade zu Anfang meiner Gymnasialzeit, als ich auf viele unbekannte Leute traf. „Du Loser!", „Du Nullchecker!", „Du Opfer!" flogen mir regelmäßig um die Ohren... ich kam mir vor wie im Boxring: Es bestand die Gefahr, K.o. zu gehen durch harten Tiefschlag. Ich musste das durchleben, um zu erfahren, dass solche Angriffe vorüberziehen, wenn ich nicht meine, mit allem und allen gleichziehen zu müssen. Ich darf Ich sein... und muss nicht alles mitmachen, was gerade angesagt ist. Ich muss nicht Energy-Drinks reinschütten, E-Shishas rauchen, Cola trinken... und kann trotzdem Leute spannend finden und mögen, die viel ausprobieren... am besten Dinge, die einen nicht kaputtmachen.

Einmal schockierte mich einer schwer. Wer? Mein eigener Vater. Wir saßen am Lagerfeuer und er war mies drauf... versank in einer schweren Stimmung... und verkündete laut: „Ich werde kein Lagerfeuer mehr machen. Das habe ich lange genug getan und es bringt nichts mehr. Ich werde Trecker und Spalter verkaufen... mich ins Haus hocken... ein Spiel auf meine Kiste laden... mich damit unterhalten... und allem anderen ein Ende bereiten!"

Das war nicht gespielt: Der machte echt den Eindruck, sich vom aktiven Leben wie Holzmachen verabschieden und sich vor dem PC festsetzen zu wollen. Zum Glück ging er dann schlafen und wachte in „normaler" Verfassung wieder auf: als einer, dem nicht alles egal ist. Uff!!

hair

cigar

Hot Dog

Fluch und Segen

Es ist toll, sich per Handy schnell und überall erreichen zu können, z.B. einen Freund, um mit ihm eine Verabredung für den nächsten Tag zu treffen: auch wenn es schon so spät ist, dass man auf dem Festnetz nicht mehr anrufen könnte, weil man dann die Eltern aus dem Schlaf holte. Bei schwierigen Unternehmungen wie Klamottenkaufen im Großstadtdschungel kann man sich verlieren... und per Notruf „Hilfe, ich steh plötzlich alleine da: Treffpunkt dort und dort!" wiederfinden. Oder man kann einen Flashmob machen: Ruckzuck sind viele Leute informiert und die Party kann losgehen.

Es gibt diese tollen Anwendungen... wenn man jedoch nicht aufpasst, kann man mit dem, was man locker gepostet hat, bloßgestellt werden. Leute, die man gar nicht kennt, können sich von überallher einschalten und einen erpressen. Und auch bei großer Wachsamkeit können lächerliche Photos oder Nachrichten verbreitet werden... und dann war alles Achtgeben umsonst. Die Angst davor habe ich schon häufig miterlebt: Die Betroffenen waren nur noch am Zittern.

Die Möglichkeit, vielen Leuten etwas mitzuteilen, ist gut, aber die Angst, dass alle aufstehen und sich gegen einen aufhetzen, wenn man einen Mucks zu etwas tut, ist groß und macht einen befangen. Diese Angst ist wirklich da: Man ist nicht frei. Man ist geneigt, sich so zu verhalten, wie man meint, dass es wohl toll gefunden werde.

Es gibt meistens welche, die die Bosse sind. Und wenn die eine Bemerkung fallen lassen, dann wird das zum Urknall. Die Vorstellung, dass denen das Verhalten und die Vorlieben von einem selber nicht gefallen und sie deshalb einen Kommentar von sich geben, treibt einem Schweißperlen auf die Stirn. Dann muss ich mir eigentlich überlegen, wie die Boss geworden sind.

Mein Vater lieferte ein einleuchtendes Bild: Die Herde sucht sich einen guten Hirten, weil sie meint, dass sie sich dann in Sicherheit befände. Dabei übersieht sie vollkommen, dass wir alle von gleichem Wert und von gleichem Rang sind. Jeder ist ein Ausdruck der einen Schöpferkraft und drängt zur Entfaltung. Unterschiedliche Blüten bedeuten viele Farben. Das Leben ist bunt.

Graue Betonwände schreien wie leere Leinwände nach fantasievollen Formen und prächtigen Farben. Das beste Beispiel sind die Hundertwasserhäuser: Auf mich wirken die spannend und lebendig.

Aus der Bahn geworfen

Nur eine Aufmerksamkeit

Ich komme gerade aus dem Urlaub. Mit einem Freund und seiner Familie war ich zwei Wochen lang ordentlich weit von zu Hause weg.

Das hätte Jeden-Tag-zu-Hause-Anrufen oder Die-ganze-Zeit-SMS-Nachrichten-Schreiben bedeuten können. Zum guten Glück war es für mich anders. Ich hatte wirklich Urlaub von meinem gewohnten Zuhause: Eltern und Bekannte waren weiiiit weg! Mit der Aufmerksamkeit beim Handy hätte ich vieles auch gar nicht mitgekriegt. An der Rötelmaus, die echt schön war, wäre ich während der Wanderung am Fluss entlang vorbeigerannt. Ich weiß aus eigener Erfahrung: Ein Mensch hat nur eine Aufmerksamkeit. Beim Mathetextaufgabenlösen rase ich oft an den Worten vorbei, weil ich schon im Aufbruch in die Dorfwelt bin... kriege die Aufgabenstellung nur so halb mit... und kann das Ergebnis nur so halbwegs oder überhaupt nicht liefern.

Die Menschen fahren voll cool mit Kopfhörern beim Bumbum-Gedröhne über die Straße... und jedes Auto kann hupen, soviel es will. Oder sie spielen, hören Musik... und küssen im Vorbeigehen unsanft den Laternenpfahl. Oder sie fahren beim Texten mit dem Fahrrad in den Graben: Das kam wirklich vor... und wir konnten darüber zusammen lachen. Wenn sie nach dem Verunglücken jedoch schlecht drauf sind, ist der Spaß schnell zu Ende.

Oder die Leute verpassen die Bushaltestelle, bei der sie eigentlich hätten aussteigen müssen. Stellt euch vor: Ihr sitzt im Bus, guckt aufs Handy... und irgendwann lässig aus dem Fenster... und kriegt einen Schock, weil ihr längst ausgestiegen sein müsstet. Lustig, oder?

Das fanden eine Freundin und ich auch, als wir bemerkten, dass wir im Bus beim Auf-den-Bildschirm-Gucken die Welt vergessen hatten: auch das Aussteigen an der richtigen Haltestelle!

Die kleine Feldmaus während der Longboardtour auf dem Ahrtalradweg hätte ich bestimmt nicht bemerkt, wenn ich in ein Handy vertieft gewesen wäre. Selbst wenn ich nur in meiner Phantasie mit einem Spiel oder Film beschäftigt gewesen wäre, hätte ich das Tierchen wahrscheinlich nicht entdeckt. Ich bin es gewohnt, ohne Handy – schluchz! - durch die Natur zu streifen und voll da zu sein. Ich konnte meine Mutter gerade noch am Arm schnappen und auf die süße wilde Maus deuten, die sich am Abhang auf unserer Augenhöhe zum Frühstück auf die Hinterbeine gesetzt hatte und sich ein knospendes grünes Blättchen ins Mäulchen steckte: nur einen Meter von unseren Gesichtern entfernt.

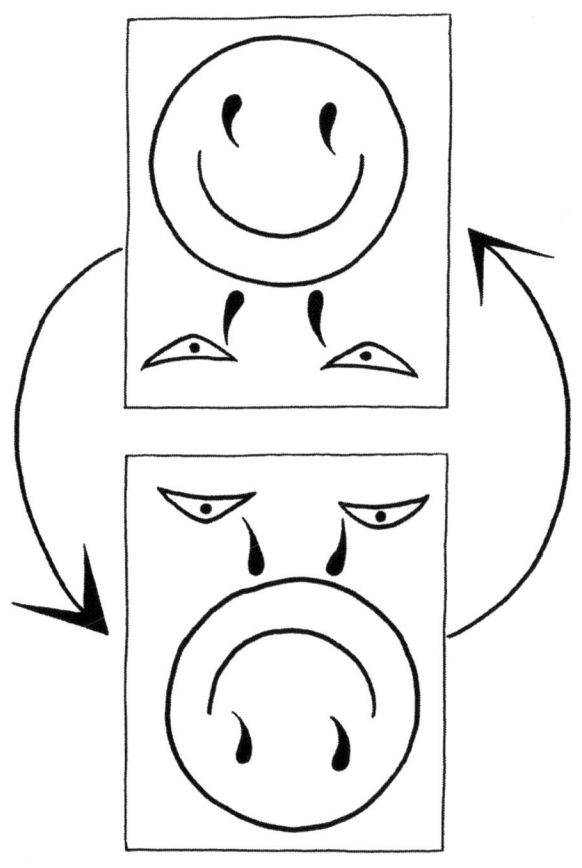

Smile & Smole

Ein Abschied

Und jetzt geht meine handyfreie Zeit zu Ende: Wenn ich das niederschreibe, dann empfinde ich auch eine Traurigkeit.

Ich war gezwungen, mit meiner besonderen Situation zurechtzukommen. Dabei waren es meine Eltern, die vorgaben, womit ich zurechtkommen musste. Und dass diese Eltern für ihre Entscheidung einstanden: Das vermittelte – mit all den Kümmernissen – eine Sicherheit, die nun wegfällt. Jetzt bin ich bald einer, der ein Handy hat und damit umgehen darf… und muss.

Mein spannendes Abenteuer, kein Handy besitzen zu können, geht tatsächlich zu Ende. Ich kann's kaum glauben, dass die lange Zeit, in der ich der ohne Handy war, jetzt vorüber ist. Ich nehme Abschied: mit einem lachenden und einem weinenden Auge. Etwas altes Vertrautes fällt weg… und etwas neues Unbekanntes kommt dazu. Ein Stück Behütetsein vergeht… und mehr Selbstständigkeit und eigenes Abenteuern und Für-etwas-gerade-Stehen bekomme ich dazu.

Das lachende Auge jubiliert: „Hey, Handy und WhatsApp: Ich habe Lust auf euch. Hurra, ich komme!"

Ists denn so großes Geheimnis, was Gott und der Mensch und die Welt sei?

Nein! Doch keiner mags hören; da bleibt es geheim.

Goethe[3]

Betrachtungen der Eltern

Die Urangst

Bei Reiseantritt ins irdische Leben werden
wir mit dem Erleben konfrontiert „Ich bin
Körper. Verletzlich. Sterblich. Nichtsein
ist möglich!". Wir begreifen uns als ein
von der einen ursprünglichen Schöpferkraft
abgetrenntes sterbliches Wesen, welches
Benachteiligung, Bestrafung, Reduzierung
erfährt... und suchen nach Erlösung aus dem
gefühlten Bedrohtsein.

Derzeit existiert ein globales Ausgerich-
tetsein auf das allgegenwärtige Handy mit
seinen Anwendungsmöglichkeiten. An einer
solchen Entwicklungsströmung nicht teil-
zuhaben rührt an das verstörende Empfinden von Abgetrennt- und Vereinzeltsein.
Wir fühlen uns außerhalb des allgemein-
gültigen Orientierungskodex verloren und
begegnen unserer Urangst, dass Nichtsein
möglich sei.

● ●
● ●

Die große Chance

Ohne Handy dazustehen enthält die Chance, für sich zu erkennen „Ich bin auch ohne Handy mittendrin: bin kein Gemiedener... kein Verfolgter!". Dieses klare Wahrnehmen und Empfinden kann in die wesentliche Erfahrung münden „Ich erlebe Anderssein ... und sonst nichts. Daraus ergibt sich keine Katastrophe... kein Ausgelöschtwerden: einfach nur gefahrloses lebendiges Anderssein!".

Die Selbstaussage „Ich nehme wahr: wach und klar. Ich bin präsent: kraftvoll und schlicht!" entspricht der unverfälschten natürlichen Selbstwahrnehmung. Sie bedeutet Echtsein. Stattdessen flüchtet sich das klare Bewusstsein derzeit in großem Maße ins Bedienen der Handy-Tastatur.

Der Film „Gott des Gemetzels" von Roman Polanski trifft mit der Filmszene, in der des kundigen Anwalts Handy ein Tauchbad nimmt und die gespeicherten Kontakt- und Lebensdaten sich somit im Nichts auflösen, ins Schwarze. Benjamins Spaß an diesem Film zeigt seinen Sinn für Absurdität und Komik. Die Fähigkeit, das genormte Rollenverhalten zu hinterfragen, weist ihn als einen jungen Menschen aus, der einen Abstecher in eine Erfahrungswelt abseits des Mainstreams unternehmen kann.

Mainstream

Wir Eltern ermessen den Zeitpunkt für des Kindes Eintritt in die Funktionswelt des Handys. Ein Handy zu nutzen ist eine Sache. Sich mit der Teilnahme an virtuellen Spielen scheinbar zu belohnen ist eine andere. Und für diese Unterscheidungsfähigkeit bedarf es emotionaler Reife.

Sich von der momentan angesagten Strömung des frühen Handygebrauchs abzusetzen verspricht interessante Erlebnisinhalte wie „Dasein ist ganz anders möglich als es mir in der Gesellschaft vermittelt und durch die Konzerne suggeriert wird!".

Nun geraten aber schon allein dadurch, dass einer beim derzeitigen „normalen" Verhaltensprogramm nicht mitmacht, die anderen unter Druck. Dieser eine braucht seinen Standpunkt gar nicht explizit kundzutun: Der stört wie ein Splitter im Finger beim gewohnten automatisierten Bewegungsablauf. Trotzdem kann es keineswegs sinnvoll sein, einer angesagten Modeströmung unbewusst und ungewollt zu folgen: Es gilt, sich die eigene klare Wahrnehmung der Wirklichkeit zu erlauben. Was sonst?

Handy als Kommunikationsmittel: okay. Aber der Maßgabe zu folgen „Wenn du nicht jetzt sofort zu uns in die Herde kommst und das Handy benutzt wie wir anderen alle auch, dann frisst dich der Wolf!" verkörpert die dunkle Seite des Menschseins.

Zugehörigkeit

Wie geht es einem, der als einziger der Klassengemeinschaft kein Handy vorzuweisen hat? Dieser eine befindet sich zunächst in der tief gefühlten Unsicherheit seines persönlichen Seins auf Erden.

Im normalen Menschsein dreht sich alles um die Feststellung „Fühle ich mich zugehörig… darf ich da sein: so wie ich bin?" oder „Fühle ich mich nicht zugehörig?"… und um die Wahrnehmung „Wie fühlt sich das in mir an?".

„Wie schwach oder stark ist mein Empfinden selbstverständlichen Daseins?": Das Maß des klaren Selbstverständnisses ist entscheidend. Ist wenig davon vorhanden, so wird sich der Fakt, kein Handy zu haben so wie jeder andere auch, entsprechend unerträglich anfühlen.

Grundlage für ein freies Menschsein ist die Erfahrung „Ich bin selbstverständlich auch da… was sonst?". Sie lässt zu, anders zu sein und trotzdem zur menschlichen Gemeinschaft dazuzugehören.

Das Vermögen, Anderssein zulassen und erleben zu können, führt in die kostbare Erfahrung echter Authentizität.

„Ich bin in Ordnung!"

Durch die elterliche Entscheidung ist Benjamin gezwungen, sich längerfristig mit dem Thema Handy auseinandersetzen. Es ist ihm nicht erlaubt, einfach nur solange zu nerven, bis er das Gewünschte in Händen hält, sondern er muss aktiv Frustrationsarbeit leisten.

Für uns Eltern gilt es, dem Kind außerhalb und innerhalb eines Konflikts offen und verständig zu begegnen und das Kind in keiner Begebenheit abzulehnen. Es ist **der** wesentliche Unterschied, ob ein Erwachsener signalisiert „Ich bin anderer Meinung als viele andere Eltern und schütze dich noch eine kleine Weile vor diesem Mediennutzungszwang!"... oder ob er – vielleicht sogar versteckt – bedeutet „Ich will nun nichts mehr davon hören, das Thema ist erledigt... ansonsten bist du verkehrt!".

Das Kind erfährt „Aha, ich bin okay. Aber das Gewünschte krieg ich nun nicht. Was tu ich jetzt?". Das klare Nein gibt einen wichtigen Halt, den die Konsumgesellschaft in der Regel nicht mehr bietet. Daraus erwächst die Möglichkeit, sich und das eigene Dasein wirklich zu erleben.

Wenn einer als Kind die Erfahrung macht „Ich kann das Begehrte nicht bekommen... es geht nicht!", und wenn ihm parallel dazu

das grundlegende Erleben zugänglich gemacht wird „Ich werde wirklich gesehen,
bin willkommen, darf selbstverständlich
da sein!", dann bildet sich in ihm die
wichtige Erkenntnis „Ah, es ist alles in
Ordnung... ich nehme lediglich am Angesagten nicht teil, weil es meine Umstände
nicht erlauben!".

Das Gold ungewöhnlicher Erfahrungsinhalte

„Ich strebe auf etwas zu. Und jemand von außen erfüllt oder ich selber erfülle mir meine Wünsche alsdann!" ist ein gängiges Modell in unserer Zivilisation, mit dem wir Menschen uns Freiheit und Sicherheit vorgaukeln. Sobald wir das Begehrte erreichen, streben wir indessen dem Nächsten entgegen. Wir folgen dem illusionären Ziel, in diesem Modell dauerhaft frei und sicher zu sein. Ein junger Mensch kann indessen die wegweisende Erfahrung machen, dass – wenn er das Handy erhalten hat – es nicht das ist, was er sich ursprünglich davon erhoffte.

Eine genaue Selbstwahrnehmung birgt die Chance, zu erkennen, dass es sehr wohl möglich ist, aus dem beschriebenen Konzept auszusteigen... dass es tatsächlich andere Werte gibt... dass die Chance besteht, aus dem Konsumzwang herauszutreten und sich in diesem Losgelöstsein wohlzufühlen.

Des Kindes Frustration angesichts seiner Handylosigkeit auszuhalten... mitzutragen... und in keiner Weise das Empfinden zu nähren „Ach, der Arme!" bedeutet, ihm innerhalb einer stabilen Eltern-Kind-Beziehung Disharmonie zuzumuten und es zu echter Autarkie zu befähigen.

Einer, der auf seinem Erfahrungsweg unbedingt ehrlich begleitet wird, kann in die Grunderfahrung finden „Ich bin selbstverständlich da... bin frei, zu wählen und zu entscheiden: hier und jetzt!". Ansonsten ist er Konsummensch und braucht den Artikel X oder Y und ist in dieser gefühlten Notwendigkeit extrem unfrei.

Hysterie

Hysterie ist ein Gespenst, das einem bestimmten Ver-rückt-Sein – einer Entfremdung – entspringt.

Diese Exaltiertheit meint „Viel Rauch um nichts!": „nichts" im Sinne von sinnfreier Action. Diese Art von Sinnentleertsein wird erlebt, wenn das menschliche Aufmerksamkeitszentrum – dieses wunderbare sensible Wahrnehmungs- und Empfindungsinstrument – den Bezug zu seinem Ursprung verliert, indem es sich aufs Denken fokussiert und reduziert.

Wird bzgl. der menschlichen Entwicklung der alleinige Schwerpunkt auf die Ausbildung der kognitiven Leistungsfähigkeit gesetzt, so erleben die Betroffenen Haltlosigkeit trotz einer Lebensführung auf hohem intellektuellen Niveau.

Eine solche Lebensgestaltung ist so geartet, als schaute man auf einen See, wobei man nur die Wasseroberfläche erfasste, ohne um die Tiefe des Sees zu wissen... sie zu kennen... sie zu fühlen. Mehr noch: Aufgrund einer diffusen Ahnung, dass unter der Seeoberfläche noch etwas Unbekanntes sei, stellt sich eine diffuse Angst ein.

Ist die klare Verbundenheit mit dem Ur-grund verloren, wollen wir Menschen die daraus resultierende Angst umschiffen, indem wir das natürliche selbstverständliche Verbundensein ersetzen. Dieses Bestreben macht das Drama der Hysterie aus. Es ist unmöglich, unser wahres Wesen zu ersetzen, weshalb auf eine Hysterie die nächste folgt. „Da... und da!!... muss jetzt... und jetzt!!... etwas Großes sein!!‟: Dieses Empfinden geschieht, wenn die Wurzeln des Lebensbaums nicht mehr wahrgenommen werden können.

Die Alternative bestünde darin, ein meditatives Erleben anzustoßen und zu vertiefen. Jemand, der in der Ruhe klaren Bewusstseins weilt und gegebenenfalls einem hysterischen Auftritt beiwohnte, erlebte ein völlig unverständliches energievolles Schauspiel mit Akteuren, die emotional tatsächlich in Not sind.

Die Botschaft des Hysterikers lautet: „Hallo, mir fehlen die Wurzeln, bitte helft mir: jetzt. Vor meinem nächsten Ton!‟. Das weiß jener jedoch nicht und wird es auch bestreiten. Es ist schwer, einen Ersatz zu bemerken... ihn anzuerkennen... ihn für seinen Dienst zu lieben... und ihn zu lassen.

•• ••

Erfahrungsschatz

Kein Handy besessen zu haben hat Benjamin die Erfahrung geschenkt, dass er definitiv auch ohne die Teilnahme an einem Massentrend – oder vielleicht sogar gerade deshalb – gut leben kann. „Wenn du nicht zu uns in die Herde kommst, dann frisst dich der Wolf!": Zu erkennen, dass dieser Wolf illusionär ist, bedeutet, die freie Wahl zu haben.

Dieses Erleben ist unverlöschlich und hat auch außerhalb des Handy-Themas Geltung. Es ist das Fahrzeug für die generelle Erfahrung „Dasein ist ganz anders möglich als suggeriert und propagiert!".

Als Kind dieses wichtige Wahrnehmen und Empfinden erfahren zu haben bedeutet, den Rucksack der Freiheit geladen zu haben anstelle der Dunkelheit des Gefangenseins in diversen Konzepten, die der individuellen Lebendigkeit entgegenstehen.

Ausblick

Evolutionstechnisch gesehen steht wohl die Entwicklung an, das starre Modell, was die Menschheit derzeit lebt, zu kippen.

Politische und religiöse Organisationen geben vor, zu wissen, was richtig und was falsch sei. Demzufolge sind da die Vielen, die einen Trend bzw. das Gewohnte leben als probates Mittel gegen die existentielle Angst. Das bietet scheinbar Sicherheit, bedeutet in Wahrheit aber das Maximum an Unfreiheit.

Vor diesen definierten Allgemeingültigkeiten steht nun der Einzelne. Es braucht diesen Einzelnen, der sich etwas anderes vorzustellen vermag.

Was wird geschehen, wenn aufgrund notwendiger Umbrüche ein großes Sich-nicht-mehr-Auskennen geschieht? Da braucht es den Einzelnen, der in sich ruht und selbstverständlich zur naheliegenden Alternative greift.

Es braucht neue Erfahrungen, die sich weitergeben und kumulieren, um die alte Struktur zu transformieren.

Definitionslabyrinth

Und nun eine eindrucksvolle Geschichte aus Benjamins Leben:

Einmal trat ein Grundschullehrer mit der Erklärung vor Benjamins Klasse „Leute, es gibt jetzt eine neue AG: Spinnen, Weben, Backen!". Alle nahmen die Nachricht mehr oder weniger begeistert auf... nur einer zeigte sich erfüllt von tiefem Ekel: Die flott vorgetragenen Wörter hatten sich für ihn zum „Spinnweben backen!" zusammenge-schliffen. Als Benjamin diese Geschichte zu Hause vortrug, lachte sein Vater... und Benjamin meinte empört: „Papa, für den war das echt!".

Ein emotionales Erleben von solch star-ker Intensität ist uns allen in unserer frühen Kindheit widerfahren... und seitdem gelten die zugehörigen Erlebnisinhalte als beständig und echt. Aus dieser Täuschung gilt es zu erwachen... wobei das Erkennen, dass das anhaltende Sichidentifizieren mit dem vertrauten Fühlen und Denken durch-weg ein Sichtäuschen darstellt, schon das halbe Aufwachen bedeutet.

Der Junge war voll im Grusel. Für sein Erwachen daraus hat es gereicht, dass ein anderer die maßgeblichen Worte langsam und deutlich artikulierte. Unsere aus dem frühen Erleben gezogenen Rückschlüsse als etwas durch die prägende Umgebung und Zeit Bedingtes zu entlarven ist hingegen ein Vorgang von enormer Komplexität. Dennoch ist die Dimension an Täuschung im Definitionslabyrinth die gleiche.

Dieses Definitionslabyrinth zu leben ist anstrengend, aber vertraut... und deshalb die erste Wahl. Es wirkt unserer Angst entgegen „Ich bin ein abgetrenntes Wesen, das Benachteiligung erfahren kann... verletzlich ist... und letztlich sterblich!": Das macht seine hohe Attraktivität aus. Der Anwender des definierten Fühl- und Denkprogramms befindet sich im Erleben „Ich kenn mich aus. Bin sicher. Darf sein!". Für dieses emotionale Argument nehmen wir die Enge der Täuschung in Kauf.

Filme sind oft so faszinierend, weil ich eine oder mehrere Filmfiguren erleben kann, die mich in ein anderes Verhaltensprogramm als mein eigenes mitnehmen, ohne dass mir etwas passieren kann. Das ist fesselnd... und das Computerspiel bietet die deutliche Steigerung. Es trifft die Aussage, es sei richtig, sich so zu verhalten, wie es die Spielstruktur vorgibt. Ich verhalte mich anders als sonst... und bleibe dabei unschuldig: Die Gültigkeit meiner eigenen, unbewusst definierten Regeln bleibt bestehen.

Während des Spiels wandelt sich bspw. ein braver Introvertierter in einen freien Killer.

„Da macht man das dann so... und dann muss man...!" ist der Erklärungsversuch des Kindes zum Spiel. Es ist legitim, in diesem Rahmen aus dem eigenen Sosein auszubrechen... und das macht, dass man diese gefühlte Befreiung aus der gewohnten Struktur immer wieder haben will. Es ist ein ähnliches Erleben wie beim das Verbotene erlaubenden Rollenspiel während des Karnevals oder wie bei der „Freak-out"-Phase während der dynamischen Meditation.

Das Ganze stellt einen Versuch dar, ein Ungleichgewicht auszugleichen: das Ungleichgewicht, was nichts anderes meint als das Herausgerücktsein aus unserem lebendigen wahren Sein. Ein solches Gegengewicht zu leben kann indessen nicht erfüllend sein. Es stellt nur ein anderes Extrem zum eigenen Fühl- und Denkprogramm dar. Das Bild vom Waagebalken veranschaulicht dieses Aus-der-eigenen-Mitte-Gerücktsein. Beim Blick darauf sehe ich sofort das ruhende Zentrum, welches es aufzusuchen gilt, um das quälende Steigen und Stürzen zu beenden.

Das eigene Zentrum liegt jenseits des konzeptualisierenden Fühlens und Denkens. Dort herrscht die Klarheit „Ich bin selbstverständlich da und fühle mich darin wohl!". Nach der Auflösung der persönlichen Konzepte, die nur entwickelt wurden, um in dem zu bestehen, was im Familien- und Gesellschaftssystem bei der Ankunft im irdischen Leben erlaubt war, bleibt pure Selbstverständlichkeit übrig.

Die Persönlichkeit ist ein Wertesystem. Es ausgebildet zu haben war damals gut und richtig. Aber in der Gegenwärtigkeit aus diesem zwingenden Wertesystem herauszutreten bedeutet echte Befreiung.

Das Leben ist ein großes Spiel.

Wer sich festbeißt, hat keinen Spaß.

Zu verstehen, weshalb wir uns festgebissen haben,

führt uns aus dem engen Personsein ins klare Gewahrsein.

• •
• •

Lebenstanz

Das schöne Geschenk

Und jetzt tritt Benjamin in die Erfahrungswelt „Ich und ein Handy!" ein. Und wir Eltern überreichen ihm symbolisch eine riesige, nahezu leere Kiste mit den Worten „Hier drinnen ist dein Erfahrungsschatz aus der handyfreien Zeit… plus dem Handy für den nächsten Schritt im Tanz des Lebens!"

Schlusswort des jungen Text- und Bildermachers

Meine Eltern sind immer für eine Überraschung gut. Und das gefällt mir: Ich liebe es, verblüfft zu werden. Das hebelt das gewohnte einschläfernde Denken aus... ganz wie im folgenden Witz mit dem aus meiner Sicht tollsten Gefährten aus der Tierwelt für einen Menschen, einem klugen Hund.

～

Der Hund, der Karten spielte

„Sie haben aber einen klugen Hund", sagte ein Mann, als er den Freund mit seinem Hund Karten spielen sah.

„Nicht so klug, wie er aussieht", war die Antwort. „Jedesmal, wenn er ein gutes Blatt bekommen hat, wedelt er mit dem Schwanz."

Weisheitsgeschichte[4]

～

Und nun noch ein wunderbarer Witz[5]:

Der Winter wird sehr kalt!

Die Indianer in einem abgelegenen Reservat gehen zu ihrem neuen Häuptling und fragen, wie kalt der nächste Winter werde. Da er die geheimen Künste seiner Vorfahren nie gelernt hat, befiehlt er seinen Brüdern, Feuerholz zu sammeln, ruft auf seinem neu errungenen Smartphone aber auch den Wetterdienst an und fragt: „Wie kalt wird der Winter?" „Sehr kalt", lautet die Antwort. Der Häuptling wendet sich erneut seinen Stammesbrüdern zu und trägt ihnen auf, mehr Feuerholz zu sammeln.

Eine Woche später ruft er wieder an: „Sind Sie sicher, dass der Winter sehr kalt wird?" „Vollkommen sicher." Der Häuptling befiehlt seinen Stammesbrüdern, noch mehr Feuerholz zu sammeln. Eine Woche später ruft er noch einmal an. „Sind Sie immer noch sicher?" „Ja, es wird der kälteste Winter seit Menschengedenken."

„Woher wissen Sie das so genau?"

„Weil die Indianer wie verrückt Feuerhoz sammeln!"

Zum Verfasser

Benjamin Neukirch, zwölf Jahre alt, Wach-in-die-Welt-Gucker, interessiert an allem, was Spaß verspricht. Stockschnitzer und Stockkämpfer. Bogenbauer. Baumkletterer. Komikzeichner. Longboarder. Nudelsuppenkoch. Unterwasserweltfan. Schildkrötenbegeisterter. Gymnasiast. Und Handy-Anwärter.

Sein Gespür für verbales Kreativsein und sein Sinn für Wortwitz warfen sich in die Waagschale und überwogen seine Abneigung, sich hinzusetzen, ein Notizheft aufzuschlagen und zu schreiben. Seine Zeichnungen unterstreichen seine lebendige Freude an allem Komischen und Lustigen im eigenen Erlebnisraum.

Begleitet von

Johanna Neukirch ist der gute Geist der Familie. Bücherwurm und Bestaunerin der Leuchtkraft klaren Lichts und der reichen Fülle tiefer Stille. Liebhaberin bunter Feuerwerke. Nixe im Sommersee.

Ralf Neukirch hat das Abenteuer Menschsein in den spirituellen Erfahrungsraum ausgedehnt. Wirkt ansteckend: egal womit. Genauer Kenner der Licht- und Schattenseiten menschlichen Daseins. Aus Versehen ist er ins Einssein gerutscht und schafft es nicht mehr zurück in die altvertraute Persönlichkeitsstruktur: trotz aller festen Vorsätze.

Quellenangabe

Wo die Geschichten und Zitate zu finden sind:

Zitat[1]:

Albert Einstein, Einstein sagt, Zitate, Einfälle, Gedanken
Herausgegeben von Alice Calaprice Piper
ISBN 978-3-492-25089-4

Geschichte[2]:
Da lacht des Rabbis Herz/Jüdischer Humor
GTB ISBN 3-579-00773-4

Zitat[3]:
GOETHE zum Vergnügen
Herausgegeben von Volker Ladenthin, Reclam
ISBN 978-3-15-18794-4

Geschichte[4]:
Anthony de Mello: Warum der Schäfer jedes Wetter liebt/
Weisheitsgeschichten
Herder Spektrum ISBN 978-3-451-04957-6

Witz[5]: Gefunden bei www.witze-blogger.de